Emanuele Perucci

Il Codice per l'esame

Le schede per lo studio e il ripasso

PARA MOND

Progettazione editoriale – Davide Monzini
Coordinamento e realizzazione editoriale – Paola De Santis
Redazione – M. Giulia Labella
Fotocomposizione – Servoffset New - Milano

CODICE 9788861603189B

www.paramond.it

Stampato per conto della Casa editrice
presso «La Tipografica Varese Srl», Varese, Italia

Ristampa	Anno
3 4 5 6 7	19 20 21

Presentazione

Il **Codice per l'esame**, composto dai due volumi *Le norme indispensabili per l'esame* e *Le schede per lo studio e il ripasso*, è pensato per essere utilizzato nel corso del quinto anno scolastico, per la preparazione dell'Esame di Stato e durante lo svolgimento della prova.

Il volume **Le norme indispensabili per l'esame** è *consultabile durante la prova scritta di economia aziendale.*

L'ordine in cui vengono presentate le fonti segue una logica articolata in sei macro aree.

- *Le forme per l'esercizio d'impresa* riporta le norme giuridiche che disciplinano i vari modelli di società e le relative regole di funzionamento.
- *Contabilità e bilancio* contiene la normativa di riferimento per la tenuta della contabilità e la redazione del bilancio.
- *Il reddito d'impresa e l'Irap* presenta le disposizioni di legge che disciplinano la determinazione del reddito fiscale.
- *La normativa e gli adempimenti Iva* contiene la disciplina ai fini Iva in materia di adempimenti, fatturazione e regole dell'imposta.
- *L'attività del sistema creditizio* riporta la normativa relativa alle autorità creditizie, alle principali operazioni e servizi bancari e al bilancio delle banche.
- *La Borsa valori* presenta la normativa riguardante la regolamentazione dei mercati, dei prodotti negoziati e degli intermediari che vi operano.

Il volume **Le schede per lo studio e il ripasso** offre sintetiche trattazioni dei concetti chiave del programma di studio, facilmente consultabili grazie all'ordine alfabetico di presentazione. Per semplificare ulteriormente la ricerca dei singoli argomenti si possono utilizzare anche un indice logico, basato su un criterio sequenziale degli argomenti, e un indice analitico. Le 66 schede si riferiscono a cinque macroaree, che ricalcano in larga parte quelle indicate in riferimento alle norme.

- *Le forme per l'esercizio d'impresa*, che tratta le caratteristiche dei vari tipi di società.
- *Contabilità e bilancio*, che illustra gli obblighi contabili, il controllo di gestione e il bilancio d'esercizio completo di analisi dei documenti che lo compongono.
- *Il reddito d'impresa e l'Irap*, che riporta le principali regole per la determinazione del reddito fiscale, nonché i relativi obblighi dichiarativi e di versamento.
- *La normativa e gli adempimenti Iva*, che espone i principi generali che stanno alla base dell'imposta sul valore aggiunto, nonché gli adempimenti che la normativa prevede per lo svolgimento di un'attività.
- *L'attività del sistema creditizio*, dove, oltre a una panoramica generale sulle norme e sulle autorità bancarie, si analizzano le peculiarità delle varie operazioni di impiego e di raccolta fondi.

Le norme sono riportate nel volume nella versione vigente al momento della chiusura dello stesso, a gennaio 2017. Per consentire un costante aggiornamento dei contenuti, le principali novità normative sono costantemente segnalate e rese consultabili sul sito **www.paramond.it**.

Indice alfabetico delle schede

1. Activity based costing ... 8
2. Altre operazioni di impiego fondi ... 10
3. Ammortamento delle immobilizzazioni materiali e immateriali ... 12
4. Analisi degli scostamenti ... 14
5. Analisi per flussi ... 16
6. Analisi per indici ... 18
7. Analisi per margini ... 22
8. Anticipazioni ... 24
9. Apertura di credito ... 26
10. Autorità creditizie nazionali ed europee ... 28
11. Bilancio consolidato ... 30
12. Bilancio in forma abbreviata ... 32
13. Break even analysis ... 34
14. Budget e programmazione ... 36
15. Budget: pianificazione e controllo ... 38
16. Budget: le varie tipologie ... 40
17. Componenti negativi di reddito ... 42
18. Componenti positivi di reddito ... 44
19. Contabilità analitica ... 46
20. Conti correnti ... 48
21. Conto economico: contenuto delle voci ... 50
22. Conto economico: la struttura ... 52
23. Controllo legale dei conti ... 54
24. Costi: le varie tipologie ... 56
25. Criteri di valutazione delle poste di bilancio ... 58
26. Depositi ... 60
27. Dichiarazioni fiscali e versamenti ... 62
28. Documenti che accompagnano il bilancio ... 64
29. Fido bancario ... 66
30. Forma giuridica per l'esercizio d'impresa ... 68
31. Full costing e direct costing ... 70
32. Imposta regionale sulle attività produttive ... 72
33. Imposta sul valore aggiunto: adempimenti ... 74
34. Imposta sul valore aggiunto: principi generali ... 76
35. Imposte differite e anticipate ... 78
36. Libri obbligatori ... 80
37. Norme e attività bancarie ... 82
38. Nota integrativa ... 84
39. Nota integrativa e relazione sulla gestione delle banche ... 88

40. Organi sociali nelle società di capitali ... 90
41. Orientamento strategico di fondo ... 92
42. Piano dei conti ... 94
43. Portafoglio sconti e salvo buon fine ... 100
44. Principi di redazione del bilancio ... 102
45. Reddito d'impresa: principi generali ... 104
46. Reddito imponibile e imposta ... 106
47. Regimi contabili ... 108
48. Reporting ... 110
49. Riclassificazione del C.E. a costo del venduto ... 112
50. Riclassificazione del C.E. a valore aggiunto ... 114
51. Riclassificazione dell'attivo e del passivo dello S.P. ... 116
52. Riclassificazione dello S.P.: aspetti generali ... 118
53. Rimanenze e titoli ... 120
54. Servizi bancari ... 122
55. Società a responsabilità limitata ... 124
56. Società cooperative ... 126
57. Società di capitali: aspetti generali ... 128
58. Società in accomandita ... 130
59. Società per azioni ... 132
60. Società per azioni: sistemi di governance ... 134
61. Società semplice e in nome collettivo ... 136
62. Stato patrimoniale attivo: contenuto delle voci ... 138
63. Stato patrimoniale e Conto economico delle banche ... 140
64. Stato patrimoniale passivo: contenuto delle voci ... 144
65. Stato patrimoniale: la struttura ... 146
66. Strategie e pianificazione strategica ... 148

Indice delle schede per argomento

1. Le forme per l'esercizio d'impresa

30. Forma giuridica per l'esercizio d'impresa 68
61. Società semplice e in nome collettivo 136
57. Società di capitali: aspetti generali 128
59. Società per azioni 132
55. Società a responsabilità limitata 124
58. Società in accomandita 130
56. Società cooperative 126
40. Organi sociali nelle società di capitali 90
60. Società per azioni: sistemi di governance 134

2. Contabilità e bilancio

36. Libri obbligatori 80
47. Regimi contabili 108
42. Piano dei conti 94
19. Contabilità analitica 46
24. Costi: le varie tipologie 56
31. Full costing e direct costing 70
13. Break even analysis 34
1. Activity based costing 8
14. Budget e programmazione 36
16. Budget: le varie tipologie 40
15. Budget: pianificazione e controllo 38
48. Reporting 110
4. Analisi degli scostamenti 14
41. Orientamento strategico di fondo 92
66. Strategie e pianificazione strategica 148
44. Principi di redazione del bilancio 102
25. Criteri di valutazione delle poste di bilancio 58
65. Stato patrimoniale: la struttura 146
62. Stato patrimoniale attivo: contenuto delle voci 138
64. Stato patrimoniale passivo: contenuto delle voci 144
22. Conto economico: la struttura 52
21. Conto economico: contenuto delle voci 50
38. Nota integrativa 84
28. Documenti che accompagnano il bilancio 64
12. Bilancio in forma abbreviata 32

11. Bilancio consolidato 30
23. Controllo legale dei conti 54
52. Riclassificazione dello S.P.: aspetti generali 118
51. Riclassificazione dell'attivo e del passivo dello S.P. 116
50. Riclassificazione del C.E. a valore aggiunto 114
49. Riclassificazione del C.E. a costo del venduto 112
7. Analisi per margini 22
6. Analisi per indici 18
5. Analisi per flussi 16

3. Il reddito d'impresa e l'Irap

45. Reddito d'impresa: principi generali 104
17. Componenti negativi di reddito 42
18. Componenti positivi di reddito 44
53. Rimanenze e titoli 120
3. Ammortamento delle immobilizzazioni materiali e immateriali 12
46. Reddito imponibile e imposta 106
32. Imposta regionale sulle attività produttive 72
27. Dichiarazioni fiscali e versamenti 62
35. Imposte differite e anticipate 78

4. La normativa e gli adempimenti Iva

34. Imposta sul valore aggiunto: principi generali 76
33. Imposta sul valore aggiunto: adempimenti 74

5. L'attività del sistema creditizio

37. Norme e attività bancarie 82
10. Autorità creditizie nazionali ed europee 28
63. Stato patrimoniale e conto economico delle banche 140
39. Nota integrativa e relazione sulla gestione delle banche 88
26. Depositi 60
20. Conti correnti 48
54. Servizi bancari 122
29. Fido bancario 66
9. Apertura di credito 26
43. Portafoglio sconti e salvo buon fine 100
8. Anticipazioni 24
2. Altre operazioni di impiego fondi 10

Activity Based Costing

Scheda 1

L'Activity Based Costing (ABC) è una tecnica di determinazione dei costi quantificati sulla base delle attività che consumano risorse. I costi vengono imputati ai prodotti/servizi per effetto delle attività di cui necessitano per la progettazione, produzione, vendita e distribuzione.

Le tre attività che contraddistinguono l'ABC sono:
- l'identificazione delle attività svolte;
- la determinazione del costo di ogni attività;
- l'assegnazione dei costi delle attività agli oggetti di costo, attraverso i cosiddetti *cost drivers*.

L'oggetto di costo può essere identificato in un cliente, un servizio, un progetto, un gruppo di lavoro.

Lo sviluppo dell'ABC nasce dai limiti evidenti dei sistemi tradizionali, che forniscono informazioni non adeguate sui costi al fine di determinare i prezzi di vendita e di valutare la redditività dei prodotti e delle linee di prodotto. Ne consegue che le informazioni fornite dai sistemi tradizionali non aiutano a identificare le opportunità di risparmio e i costi della qualità (o della non qualità).

Inoltre i sistemi tradizionali non sono in grado di allocare correttamente i costi comuni a più attività o a più processi: da ciò nasce l'esigenza di approfondire e dettagliare l'analisi sulle reali cause che originano i costi.

L'ABC è quindi una particolare metodologia di full costing a basi multiple che ha la funzione di rendere più oggettiva la ripartizione dei costi fissi mediante la comprensione delle cause che li originano. L'obiettivo è quello di analizzare il comportamento dei costi collegandolo alla creazione di valore per il cliente; il management può così identificare i fattori ultimi che determinano i costi stessi e gestirli in modo più efficace ed efficiente.

Un sistema basato sull'ABC fornisce informazioni rilevanti per:
- determinare il valore strategico delle attività, sulla base della rilevanza ai fini della soddisfazione del cliente;
- ottimizzare l'impiego delle risorse;
- determinare oggettivamente il costo del prodotto/servizio;
- valutare la redditività dei clienti;
- misurare e controllare le performance aziendali.

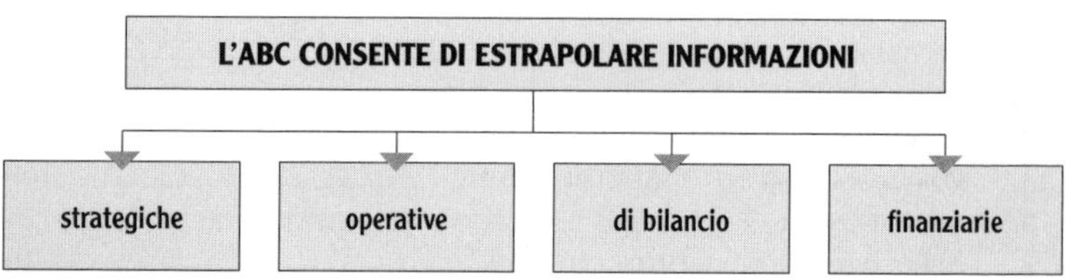

Le attività divengono gli oggetti di costo da prendere in considerazione e monitorare; le risorse a disposizione dell'impresa devono essere considerate in termini di consumo nello svolgimento delle attività. Al centro del calcolo dei costi sono quindi poste le attività, e non i prodotti o servizi.

Le fasi del sistema di calcolo dei costi basato sulle attività sono le seguenti.

Identificazione delle attività	Le attività sono costituite da ciò che viene realizzato all'interno dell'impresa, mediante l'impiego di risorse. Le attività possono essere di vario genere: - effettuare pagamenti; - stabilire rapporti con fornitori e clienti; - ricevere materiali; - conservare una scrittura di magazzino. I dati possono essere raccolti a tutti i livelli, dal top management alla manodopera di linea. Il coinvolgimento del personale, in un progetto ABC, può comportare un valore aggiunto rispetto al costo delle rilevazioni.
Attribuzione dei costi delle risorse alle attività	Questa fase consiste nella definizione della mappa delle attività, necessaria per l'attribuzione dei costi mediante specifici parametri che esprimono l'impiego di risorse al loro interno. Il primo passaggio consiste nel definire i centri di attività, che coincidono generalmente con i più significativi processi o sottoprocessi interni all'impresa (per esempio, approvvigionamenti, controllo qualità, gestione del magazzino).
Identificazione degli *activity drivers*	I *drivers* sono fattori determinanti la domanda di attività da parte degli oggetti di costo. Considerando l'attività di approvvigionamento, per esempio, l'*activity driver* può essere rappresentato dal numero di ordini di acquisto, rispetto a un prodotto. Il numero dei *drivers* dipende dal grado di precisione desiderato nel calcolo dei costi e dalla complessità del mix di prodotto. Da un punto di vista qualitativo, la scelta dei *drivers* dipende principalmente dalla semplicità e dal costo dell'ottenimento dei dati.
Attribuzione agli oggetti di costo	Questa fase finale consente di attribuire a ogni oggetto di costo il consumo effettivo delle varie attività. La distinta delle attività, che rende possibile l'analisi del contributo di risorse e attività alla formazione del costo unitario, costituisce un *report* informativo molto interessante.

A

Altre operazioni di impiego fondi

Scheda 2

Il factoring

Il **factoring** è un contratto con cui un'azienda (cedente) trasferisce a una società specializzata (factor) una parte o tutti i crediti presenti e futuri, limitatamente a un periodo di tempo. Il factor, dietro corresponsione di un compenso, gestisce, incassa e talvolta anticipa i crediti ceduti.

Il factor svolge una duplice funzione:
- eroga un servizio inerente la gestione e la contabilizzazione dei crediti commerciali dell'impresa;
- finanzia l'attività aziendale, accollandosi il rischio del mancato incasso (cessione *pro-soluto*) o conservando il diritto di agire in regresso sull'impresa cedente (cessione *pro-solvendo*).

Tecnicamente si distinguono:
- *standard factoring*: il factor gestisce i crediti e ne anticipa una parte;
- *maturity factoring*: prevale l'attività di gestione dei crediti senza anticipo.

Il mutuo

Il **mutuo** è un contratto con cui una parte consegna all'altra una somma di denaro o di altri beni fungibili, e l'altra si obbliga a restituire altrettante cose della medesima specie e qualità.

Se il mutuo ha per oggetto una determinata somma di denaro, si parla di **finanziamento a titolo oneroso**, salvo che le parti non dispongano diversamente.

Il **rimborso** del mutuo è generalmente rateale (quota capitale + quota interessi). In base al tasso d'interesse applicato si distinguono:
- **mutuo a tasso fisso**: tasso fissato al momento della sottoscrizione del prestito, con nessuna rinegoziazione e rate costanti per tutto il piano di ammortamento;
- **mutuo a tasso variabile**: tasso indicizzato a un parametro finanziario variabile nel tempo, cui generalmente si aggiunge una maggiorazione percentuale (*spread*);
- **mutuo a tasso misto**: tasso generalmente fisso in partenza, con successiva possibilità di optare per un tasso variabile.

PIANI DI AMMORTAMENTO DEL MUTUO	
Alla francese	Rate costanti: la quota capitale cresce nel tempo e la quota interessi decresce.
A rate crescenti	Tasso fisso; rate iniziali d'importo più basso e rate successive che aumentano di una percentuale predeterminata.
Libero	Fissazione del termine massimo entro cui il capitale dovrà essere integralmente rimborsato; interessi maturati da versare a scadenze pattuite e quota capitale variabile in base alle possibilità finanziarie del momento.
All'italiana	Quota capitale costante; rate d'importo decrescente nel tempo.

I prestiti in pool

I prestiti in pool sono finanziamenti a breve termine offerti da un gruppo di banche consorziate.

Le caratteristiche principali di tale forma di finanziamento sono:
- rilevanza dell'importo offerto al richiedente;
- destinazione a grandi imprese che possono finanziare la gestione corrente;
- rapidità della fase istruttoria;
- assenza di garanzie reali.

Il project financing

Il **project financing** è una forma di finanziamento finalizzata alla realizzazione di un progetto di dimensioni rilevanti, nel quale sono coinvolti più soggetti economici con funzioni diverse.

Concretamente viene costituita una **società di progetto** la cui attività consiste nella realizzazione e gestione dell'intero progetto. Si ha così una netta separazione tra promotori e gestori dell'iniziativa e quindi, in caso di fallimento del progetto, l'ente finanziatore potrà rivalersi in via esclusiva sui beni dei promotori, di proprietà della società.

Il venture capital

Il **venture capital** è una forma d'impiego con cui operatori specializzati forniscono capitale di rischio a imprese di recente costituzione, non quotate in Borsa, tecnologicamente avanzate e con elevato potenziale di sviluppo.

L'ente finanziatore acquista una partecipazione nella società con l'obiettivo di incrementarne il valore e di realizzare un guadagno di capitale.

Il credito al consumo

Il **credito al consumo** è una concessione di crediti a una persona fisica consumatore sotto forma di dilazione di pagamento o di finanziamento, esercitando un'attività commerciale o professionale.

Da un punto di vista tecnico si distinguono prestiti:
- **finalizzati**, destinati all'acquisto di beni o servizi da parte di consumatori finali;
- **non finalizzati**, rafforzano le capacità d'acquisto dei consumatori, senza vincoli di destinazione.

A

Ammortamento delle immobilizzazioni materiali e immateriali

Scheda 3

L'**ammortamento** è il procedimento mediante il quale i costi pluriennali delle immobilizzazioni materiali e immateriali partecipano al reddito d'esercizio, attraverso la rispettiva quota di ammortamento.

L'ammortamento delle immobilizzazioni materiali

Da un punto di vista fiscale, l'ammortamento dei beni materiali è disciplinato dall'art. 102 Tuir, il quale prevede che "le quote di ammortamento del costo dei beni materiali strumentali per l'esercizio dell'impresa sono deducibili a partire dall'esercizio di entrata in funzione del bene".

Il valore dei beni sul quale calcolare la quota di ammortamento è pari al costo di acquisizione incrementato degli oneri di diretta imputazione.

La percentuale ordinaria di ammortamento è stabilità da appositi coefficienti ministeriali e rappresenta il valore massimo di deducibilità consentito dalla normativa fiscale.

I **coefficienti ministeriali** sono stabiliti per categorie omogenee di beni materiali e variano in base al settore produttivo, al fine di tener conto del normale periodo di deperimento e consumo delle immobilizzazioni. In ogni caso, per il primo anno in cui il bene entra in funzione, l'aliquota ordinaria è ridotta al 50%.

La normativa fiscale prevede inoltre i seguenti casi particolari:

- l'**ammortamento integrale** nell'esercizio di sostenimento per i beni il cui costo unitario non è superiore a 516,46 euro;
- la deducibilità del costo residuo dei **beni eliminati** dal processo produttivo e non ancora completamente ammortizzati;
- la deducibilità dal reddito dell'affittuario o dell'usufruttuario delle quote di ammortamento relative ai beni appartenenti alle **aziende date in affitto** o in usufrutto. In tal caso, le quote di ammortamento sono commisurate al costo originario dei beni risultante dalla contabilità del concedente e sono deducibili fino a concorrenza del costo non ancora ammortizzato;
- la riduzione all'80% della deducibilità delle quote di ammortamento relative ad **apparecchiature terminali** per i servizi di comunicazione elettronica (per esempio telefoni cellulari).

L'ammortamento delle immobilizzazioni immateriali

L'art. 103 Tuir stabilisce i seguenti periodi minimi di ammortamento, distinti in base al tipo di bene immateriale.

Diritti di utilizzazione di opere dell'ingegno **Brevetti industriali** **Processi, formule e informazioni relativi a esperienze acquisite in campo industriale, commerciale o scientifico**	Deducibili in misura non superiore al 50% del costo, quindi nel periodo minimo di due esercizi.
Marchi d'impresa	Deducibili in misura non superiore a 1/18 del costo.
Diritti di concessione e altri diritti	Deducibili in misura corrispondente alla durata di utilizzazione prevista dal contratto o dalla legge: la quota si determina dividendo il costo complessivo dei diritti per la loro durata, espressa in esercizi.
Avviamento	Deducibili in misura non superiore a 1/18 del valore di avviamento iscritto nell'attivo del bilancio.

Per le immobilizzazioni immateriali, a differenza di quelle materiali, non è consentito l'ammortamento anticipato, accelerato e integrale.

Con riferimento alle spese relative a più esercizi, l'art. 108 Tuir stabilisce i seguenti principi.

Spese relative a studi e ricerche **Spese di pubblicità e propaganda**	Deducibili interamente nell'esercizio in cui sono sostenute e in quote costanti nell'esercizio in cui sono sostenute e nei quattro successivi.
Spese di rappresentanza	Riferite alla promozione dell'immagine dell'azienda con convegni, ricevimenti, omaggi. Gli omaggi (beni distribuiti gratuitamente) sono interamente deducibili nell'esercizio di sostenimento se di importo unitario non superiore a 50,00 euro. Le spese di rappresentanza sono interamente deducibili nell'esercizio di sostenimento se rispondono ai requisiti di inerenza stabiliti con decreto ministeriale, anche in funzione della natura e della destinazione delle stesse.
Altre spese relative a più esercizi	Sono deducibili nel limite della quota imputabile a ciascun esercizio.

Analisi degli scostamenti

Scheda 4

L'**analisi degli scostamenti** rappresenta l'operazione finale del processo di controllo, con la quale viene attuato il meccanismo di feedback.
Gli **scostamenti** sono dati dalla differenza fra risultato effettivo e valore programmato di budget; quest'ultimo rappresenta il valore di riferimento (*benchmark*), ovvero il parametro di confronto rispetto al quale effettuare comparazioni.

ANALISI DEGLI SCOSTAMENTI

↓

confronto tra valori di budget e valori consuntivi

↓

scomposizione degli scostamenti globali in scostamenti elementari

↓

individuazione delle cause degli scostamenti elementari e delle relative responsabilità

↓

definizione dei correttivi

L'obiettivo dell'analisi degli scostamenti consiste nel correggere tempestivamente le disfunzioni gestionali, affinché gli obiettivi di fondo dell'impresa riferita al periodo di budget possano essere ancora realizzati concretamente.

Lo scostamento deve essere in ogni caso interpretato come un fatto economico negativo, in quanto scaturisce dalla mancata corrispondenza tra ipotesi e realtà; da esso consegue un danno economico per l'impresa in quanto, anche se positivo (costo effettivo inferiore a quello di budget), rappresenta pur sempre un valore non corretto e quindi svantaggioso per l'impresa.

Un fatturato consuntivo maggiore di quello previsto a budget può essere un fatto economico-finanziario non pienamente positivo, in quanto si tratta di un errore di valutazione fatto a budget, con conseguenti scelte economiche e finanziarie a cascata, che potrebbero rivelarsi del tutto o in parte da rivedere.

La verifica dei risultati permette di evidenziare eventuali fatti nuovi verificatisi nella gestione, i quali possono consentire l'intervento sul budget iniziale, ridefinendo i suoi obiettivi e i suoi programmi. I valori di riferimento da prendere in considerazione nella verifica dei risultati sono:

- variabili economico-finanziarie rilevate dal sistema contabile interno all'impresa (per esempio il costo di produzione);
- variabili economico-finanziarie non rilevate dal sistema contabile (per esempio il costo stimato di produzione);
- variabili non finanziarie (per esempio un coefficiente di difettosità).

Il confronto tra dati di budget e consuntivi riguarda sia gli aspetti economici sia quelli finanziari della gestione: esso quindi non si limita a verificare la corrispondenza dei costi e dei ricavi rispetto ai programmi, ma analizza anche la copertura dei relativi fabbisogni finanziari.

Un ulteriore obiettivo dell'analisi degli scostamenti consiste nella responsabilizzazione delle persone, in quanto viene effettuata per centri di responsabilità e non a livello globale d'impresa.

Il ruolo cruciale è svolto dai manager operativi, che devono rendersi conto delle disfunzioni e individuare i provvedimenti correttivi più opportuni, anche se un ruolo rilevante è ricoperto dall'addetto al controllo (*controller*), al quale è attribuito il compito di segnalare tempestivamente le differenze rispetto al budget e fornire assistenza ai responsabili nell'interpretazione dei dati e nelle decisioni conseguenti.

La **scomposizione degli scostamenti** consente di coinvolgere i vari responsabili nelle azioni correttive da porre in essere. Per esempio, se viene rilevato uno scostamento dei ricavi di vendita, sono coinvolti direttamente gli organi commerciali e in particolare i centri di ricavo, identificabili con filiali di vendita o unità organizzative simili. In caso di vendita di una pluralità di modelli di un certo prodotto, lo scostamento globale dei ricavi di vendita può essere scomposto negli scostamenti elementari di volume e di prezzo.

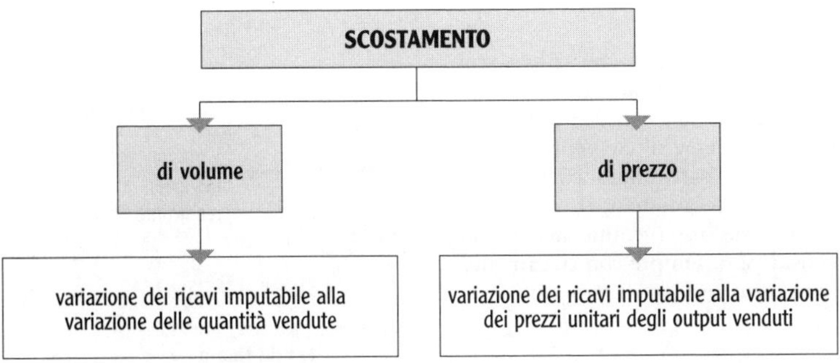

Dall'analisi congiunta degli scostamenti di volume e di prezzo può scaturire l'obiettivo di mix, che pone l'attenzione sul raggiungimento congiunto di più obiettivi (per esempio, volume, prezzo) e si basa sul presupposto che l'obiettivo ottimale congiunto può comportare un obiettivo singolo inferiore, purché ne tragga vantaggio il mix.

L'**analisi contabile** degli scostamenti può chiarire le cause delle differenze rispetto al budget, distinguendo gli scostamenti dovuti a variazioni di prezzo da quelli attribuibili all'efficienza nell'impiego delle risorse.

L'analisi contabile non è però sufficiente per individuare automaticamente e precisamente le responsabilità: ciò a causa dell'interdipendenza tra i vari organi, in quanto ogni scostamento può risultare da decisioni e operazioni intraprese da più persone, nonché da fenomeni ambientali non prevedibili.

A

Analisi per flussi

Scheda 5

L'analisi per flussi rappresenta una forma di indagine dinamica, che parte da una situazione iniziale (*fondo iniziale*) e la pone a confronto con una situazione finale (*fondo finale*); le variazioni intervenute nel periodo originano infatti dei flussi.

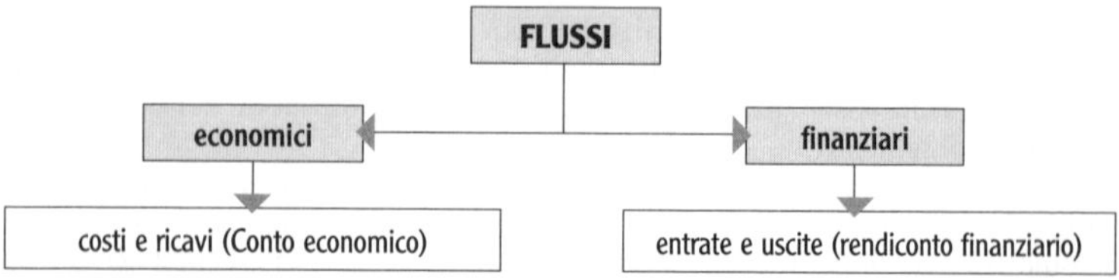

L'analisi di bilancio che si focalizza sull'aspetto finanziario della gestione si basa su due concetti essenziali: **fondo** (insieme di elementi attivi o passivi del patrimonio aziendale in un preciso momento) e **flusso** (variazione intervenuta nel fondo considerato, sempre con riferimento a un certo periodo di tempo).

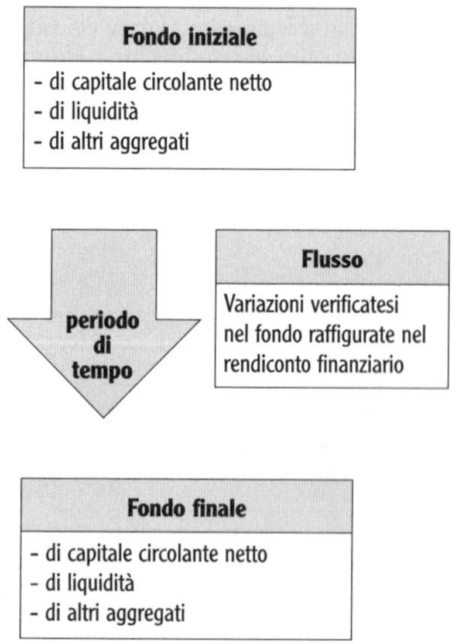

Il **flusso finanziario derivante dalla gestione reddituale** è originato dai costi e dai ricavi monetari, ossia dai costi e dai ricavi che, durante l'esercizio, sono misurati da variazioni monetarie, quindi da entrate o da uscite in contanti o come crediti-debiti a breve.

PROCEDIMENTI PER OTTENERE IL FLUSSO FINANZIARIO DERIVANTE DALLA GESTIONE REDDITUALE	
Procedimento diretto	Considera la differenza tra ricavi monetari e costi monetari
Procedimento indiretto	Parte dal risultato economico dell'esercizio, a cui somma i costi non monetari (ammortamenti, accantonamenti a medio/lungo termine, minusvalenze da realizzo ecc.) e sottrae i ricavi non monetari (plusvalenze da realizzo, patrimonializzazione di costi ecc.)

Il **flusso finanziario derivante dalle variazioni del capitale circolante netto** prende in considerazione i movimenti intervenuti nelle seguenti voci dello Stato patrimoniale:

Parte consolidata dello Stato patrimoniale
Fonti: - vendita di immobilizzazioni; - aumenti di capitale sociale mediante apporti in contanti; - aumento dei debiti a medio/lungo termine; - riduzione dei crediti a medio/lungo termine.
Impieghi: - acquisti di immobilizzazioni; - riduzione del capitale sociale mediante rimborso; - distribuzione di utili ai soci; - riduzione dei debiti a medio/lungo termine; - aumento dei crediti a medio/lungo termine.

Parte corrente dello Stato patrimoniale
Variazioni positive: - incremento delle attività correnti (rimanenze, crediti a breve, cassa e banca); - riduzione delle passività correnti (debiti a breve).
Variazioni negative: - riduzione delle attività correnti (rimanenze, crediti a breve, cassa e banca); - incremento delle passività correnti (debiti a breve).

Il **flusso finanziario di liquidità** (flusso monetario) prende in esame:
- le operazioni di gestione reddituale (flusso monetario derivante dalle attività d'esercizio);
- le attività di investimento-disinvestimento (per le immobilizzazioni immateriali, materiali e finanziarie);
- le attività di finanziamento (di capitale proprio e di terzi, a medio-lungo termine).

A

Analisi per indici

Scheda 6

L'analisi per indici consiste nel determinare rapporti o quozienti particolarmente significativi per le indagini sulla gestione aziendale. Essa trasforma i numeri assoluti (per esempio, margini di struttura) in numeri relativi, che possono essere confrontati nel tempo e con altre imprese.

Gli indici di solidità strutturale

INDICE	CALCOLO	DESCRIZIONE
Indice di autocopertura delle immobilizzazioni	$\dfrac{\text{capitale proprio}}{\text{attivo fisso}}$	Tale indice, detto di autocopertura delle immobilizzazioni, è di solito inferiore a 1 in quanto il capitale proprio spesso non è in grado di coprire gli investimenti nelle immobilizzazioni.
Indice di copertura delle immobilizzazioni	$\dfrac{\text{capitale proprio + p. consolidate}}{\text{attivo fisso}}$	Deve essere maggiore di 1 affinché vi sia un equilibrio tra fonti e impieghi.
Indice di indipendenza finanziaria	$\dfrac{\text{capitale proprio}}{\text{p. consolidate + p. correnti}}$	Evidenzia l'indipendenza dell'impresa da terzi in termini di fabbisogno di capitali. Il rapporto è in genere inferiore a uno, perché difficilmente l'imprenditore riesce con i soli mezzi propri a coprire il fabbisogno finanziario.
Indice di indebitamento (o *leverage*)	$\dfrac{\text{totale impieghi}}{\text{capitale proprio}}$	Questo indice, ovviamente superiore a 1, misura il grado di copertura dell'attivo con i mezzi propri.
Indice di rigidità degli impieghi	$\dfrac{\text{attivo fisso} \times 100}{\text{totale impieghi}}$	Fornisce una misura del grado di solidità degli impieghi. Esso viene contrapposto all'indice di elasticità degli impieghi, che misura l'idoneità degli stessi a essere prontamente rinnovati.

Gli indici finanziari

Gli indici finanziari (o di liquidità) esprimono il grado di solvibilità dell'azienda, cioè la capacità di far fronte ai debiti con tempestività ed economicamente, con le normali risorse finanziarie a sua disposizione.

La liquidità dipende da una buona correlazione tra fonti a breve (correnti) e impieghi correnti e dalla velocità di trasformazione degli investimenti (impieghi) in liquidità monetarie.

INDICE	CALCOLO	DESCRIZIONE
Indice di disponibilità	$\frac{\text{attivo corrente}}{\text{passivo corrente}}$	Mette a confronto l'attivo corrente con il passivo corrente, per cui deve essere almeno superiore a 1, affinché si possa ritenere che l'azienda sia in grado con i mezzi liquidi o prontamente liquidabili (rimanenze) di far fronte ai debiti a breve.
Indice di rotazione delle rimanenze (turnover del magazzino)	$\frac{\text{costo del venduto}}{\text{rimanenze}}$	Il costo del venduto è rilevabile nel C.E. riclassificato a costo del venduto. Riguardo al valore delle rimanenze, occorre prendere in considerazione il valore medio.
Indice di rotazione dell'attivo corrente	$\frac{\text{ricavi di vendita}}{\text{attivo corrente}}$	Misura il numero di volte, nell'arco dell'anno, in cui l'attivo corrente si rinnova per effetto delle vendite.
Indice di rotazione degli impieghi	$\frac{\text{ricavi di vendita}}{\text{totale impieghi}}$	Si tratta di stabilire il turnover degli impieghi attraverso il fatturato. Gli impieghi possono essere rappresentati sia dal patrimonio di funzionamento (totale attivo), sia dalle sole attività correnti, oppure dalle rimanenze. Un elevato indice di rotazione denota una situazione ottimale, in quanto investimenti limitati consentono vendite elevate, quindi elevata capacità produttiva nonostante un basso impiego di capitali.
Indice di durata media dei crediti	$\frac{\text{liquidità differite} \times 365}{\text{ricavi di vendita}}$	Gli indici di durata (durata media dei crediti e dei debiti) permettono di interpretare l'andamento dei flussi monetari generati dalle riscossioni dei crediti e dai pagamenti dei debiti. Una situazione accettabile di questi indici si ha quando la durata media dei crediti risulta inferiore a quella dei debiti; ciò in quanto il rientro dei mezzi liquidi si verifica prima dell'uscita di questi per il regolamento delle posizioni debitorie. Per la determinazione di tali indici si pone al denominatore il fatturato, sia degli acquisti di beni e di servizi, sia delle vendite, comprensivi di Iva calcolata in base all'aliquota ordinaria o media.
Indice di durata media dei debiti	$\frac{\text{passività differite} \times 365}{\text{ricavi di vendita}}$	

Gli indici di redditività o reddituali

La **redditività** va intesa quale capacità dell'impresa di remunerare tutti i fattori della produzione, compreso il compenso all'imprenditore per i capitali investiti e per il rischio, oltre che per il lavoro che egli presta nell'impresa.

Scheda 6

INDICE	CALCOLO	DESCRIZIONE
Indice di redditività del capitale proprio ROE (*return on equity*)	$\frac{\text{risultato netto} \times 100}{\text{capitale proprio}}$	Esprime, in percentuale, la redditività del capitale proprio, considerando la redditività dell'area operativa e straordinaria. Esso definisce la convenienza o meno a effettuare investimenti a titolo di capitale di rischio.
Indice di redditività del capitale investito ROI (*return on investment*)	$\frac{\text{risultato operativo lordo} \times 100}{\text{totale impieghi}}$	Esprime la redditività prodotta dalla gestione caratteristica (operativa) dell'impresa, per effetto degli impieghi effettuati nella stessa; il quoziente esprime la resa del capitale investito nella struttura operativa. L'interpretazione del ROI permette di individuare la convenienza a effettuare investimenti di qualsiasi tipo nell'impresa, senza considerare gli effetti degli oneri finanziari e straordinari.
Indice di redditività delle vendite ROS (*return on sales*)	$\frac{\text{risultato operativo lordo} \times 100}{\text{ricavi di vendita}}$	Esprime il margine di redditività conseguito per effetto delle vendite, esprimendo il contributo delle vendite al risultato operativo lordo. Talvolta questo indice si determina ponendo al numeratore il reddito dell'esercizio: in questo caso mette in evidenza il rapporto tra il reddito conseguito e i ricavi di vendita.
Indice del costo medio dei capitali di terzi ROD *(return on debits)*	$\frac{\text{oneri finanziari} \times 100}{\text{p. consolidate + p. correnti}}$	Mette in evidenza il tasso (costo) medio dei capitali di terzi, a breve e a medio-lungo termine, cioè dei capitali presi in prestito; dimostra inoltre la parte del ROI che viene destinata alla copertura del costo dei finanziamenti esterni e quindi della politica finanziaria scelta. È evidente che il ROD non deve superare il ROI, altrimenti la ricchezza creata dalla gestione operativa non risulta sufficiente a coprire i costi della gestione finanziaria e l'azienda è costretta a ricorrere al disinvestimento del patrimonio aziendale con riflessi negativi sull'attività produttiva.

Gli indici di efficienza o di produttività

Gli **indici di efficienza** misurano l'impiego razionale ed efficiente delle risorse nell'azienda.

Tali indici sono spesso determinati per le politiche del personale, per le quali si fa riferimento all'**efficienza e produttività del personale** dipendente.

INDICE	CALCOLO
Fatturato medio pro-capite (per dipendente)	$\frac{\text{ricavi di vendita}}{\text{n° medio dipendenti}}$
Indice del rendimento delle risorse umane	$\frac{\text{valore della produzione}}{\text{n° medio dipendenti}}$
Investimenti pro-capite (per dipendente)	$\frac{\text{Immobilizzazioni tecniche}}{\text{n° medio dipendenti}}$
Incidenza percentuale del costo del fattore umano sul fatturato	$\frac{\text{costo del personale} \times 100}{\text{ricavi di vendita}}$

Scomponendo alcuni tra i più significativi indici è possibile effettuare un'analisi più approfondita e ricca di informazioni e dettagli.

Il ROE, il ROI e il ROD esprimono una condizione di equilibrio economico dell'azienda se si verificano le seguenti condizioni:

- ROE > del rendimento di investimenti alternativi privi di rischio
- ROI > del costo medio del denaro
- ROD < ROI

Questo sviluppo della relazione del ROE consente di effettuare scelte di convenienza di gestione finanziaria; ciò è possibile determinando l'effetto leva, ossia l'effetto moltiplicativo sul ROE della differenza tra il ROI e il tasso medio d'interesse del capitale preso a prestito. Se la differenza tra il ROI e il ROD è positiva, è più conveniente finanziare l'azienda con capitali di terzi, mentre se è negativa è più conveniente finanziarla con capitale proprio, per diminuire l'effetto negativo degli oneri finanziari sul risultato economico e quindi sul ROE.

Un altro interessante collegamento tra indici si può ottenere mediante la scomposizione del ROI.

Il ROI può essere assunto come il risultato del prodotto della redditività delle vendite (ROS) per l'indice di rotazione degli impieghi (turnover degli impieghi); infatti:

$$\text{ROI} = \frac{\text{risultato operativo lordo} \times 100}{\text{totale impieghi}} = \frac{\text{risultato operativo lordo} \times 100}{\text{ricavi di vendita}} = \frac{\text{ricavi di vendita}}{\text{totale impieghi}}$$

I due indici che compongono il ROI possono avere andamento contrastante. Se per esempio si aumentano i pezzi di vendita, è possibile che si incrementi il ROS, ma può verificarsi che, contemporaneamente, si riducano le quantità vendute, con una diminuzione dell'indice di rotazione.

Un altro esempio di correlazione tra indici può essere fornito dalla scomposizione del ROE:

$$\text{ROE} = \frac{\text{risultato netto}}{\text{capitale proprio}} = \frac{\text{risultato operativo lordo}}{\text{totale impieghi}} = \frac{\text{totale impieghi}}{\text{capitale proprio}} = \frac{\text{risultato netto}}{\text{risultato operativo lordo}}$$

L'incidenza degli oneri e proventi della gestione non caratteristica sul risultato economico netto si può misurare prendendo a riferimento il rapporto tra il risultato economico netto e il risultato operativo lordo.

Analisi per margini

Scheda 7

L'analisi del bilancio

La riclassificazione dello Stato patrimoniale e del Conto economico consente di elaborare una serie di **indicatori** (margini, rapporti, indici, flussi) per mezzo dei quali valutare la situazione patrimoniale, finanziaria ed economica dell'azienda e l'andamento dell'attività.

Con gli indicatori si mettono a confronto o si rapportano tra loro alcune voci dello Stato patrimoniale o del Conto economico, oppure si confrontano dati di provenienza extra-contabile con i dati del bilancio. L'analisi è maggiormente significativa se si confrontano:

- i dati del bilancio di un determinato esercizio con i dati analoghi degli esercizi precedenti; l'analisi di questo tipo, che si sviluppa in senso temporale, si definisce **analisi dinamica**;
- i dati del bilancio riferiti a un determinato esercizio, con dati medi analoghi di imprese di dimensioni simili e che esercitano lo stesso tipo di attività; l'analisi di questo tipo si definisce **analisi settoriale**.

TECNICHE DI ANALISI DI BILANCIO	
Analisi strutturale	Basata sui margini di struttura, esamina la situazione patrimoniale o il Conto economico di un'impresa.
Analisi per indici	Simile a quella strutturale, confronta i dati del bilancio tra loro, trasformando i valori assoluti in valori relativi.
Analisi per flussi	Esamina la situazione patrimoniale e finanziaria e le variazioni delle varie voci nell'arco di tempo considerato, con specifico riferimento alla dinamica delle operazioni che hanno causato tali variazioni. I documenti che mettono in evidenza il flusso delle operazioni sono il Conto economico (costi e ricavi sostenuti nell'esercizio di riferimento) e il rendiconto finanziario (flussi di risorse finanziarie e monetarie).

I margini

L'analisi strutturale o per margini è una delle forme più elementari di elaborazione dei dati. I **margini** si ottengono confrontando (somma algebrica) gruppi omogenei di valori dello Stato patrimoniale e del Conto economico.

I margini di solidità aziendale

Il **margine di struttura (secco)** è la differenza tra il capitale proprio (CPR) e l'attivo fisso (ATF) ed evidenzia la capacità dell'azienda di finanziare gli investimenti nella struttura fissa con i mezzi propri.

Un margine di struttura positivo (investimenti autofinanziati), difficilmente riscontrabile nella pratica aziendale, denota la capacità aziendale di attuare una politica di sviluppo degli impieghi senza ricorso a finanziamenti esterni, essendo sufficiente il realizzo dell'attivo corrente, sia esso costituito dalle scorte o dai crediti.

Se al capitale proprio si aggiungono le passività consolidate (PCN), si ottiene il passivo consolidato. Confrontando il passivo consolidato con l'attivo fisso si ottiene il **margine di struttura allargato** (MSA), che evidenzia una buona correlazione tra le fonti a medio/lungo termine e gli impieghi in fattori produttivi ugualmente a medio/lungo termine.

Un MSA negativo indica che gli impieghi nella struttura fissa sono in parte coperti con passività correnti, senza un'idonea correlazione temporale.

Passando dalla parte consolidata alla parte corrente, si ottiene un margine, come differenza tra l'attivo corrente (ATC) e il passivo corrente (PCR), denominato **capitale circolante netto** (CCN), che ha la stessa entità del MSA; infatti, se il passivo consolidato è maggiore dell'attivo fisso, anche l'attivo corrente deve necessariamente essere maggiore del passivo corrente.

Un margine positivo indica che le attività correnti sono in grado di far fronte ai debiti a breve; viceversa, un capitale circolante netto negativo evidenzia una situazione finanziaria piuttosto precaria, poiché l'attivo corrente non è sufficiente a far fronte ai debiti a breve termine e l'attivo fisso è stato finanziato con debiti a breve.

I margini di liquidità

Il **margine di tesoreria** esprime la liquidità aziendale rapportata agli impegni assunti nel breve periodo con le sole liquidità, non considerando le rimanenze.

Un margine di tesoreria negativo denota che l'impresa non è in grado di far fronte agli impegni (debiti nel breve termine). Ciò comporta un'attenta gestione delle risorse monetarie e finanziarie disponibili, cercando di liquidare nel breve termine le disponibilità economiche, e il ricorso a debiti a breve, anche mediante un ampliamento dei fidi bancari per scoperto di c/c. Una situazione negativa del margine di tesoreria potrebbe essere solo contingente per una serie di motivi:

- acquisti effettuati a fine esercizio per la costituzione di scorte speculative; ciò porterebbe a un incremento delle passività correnti e delle disponibilità economiche lasciando inalterate le liquidità;
- le passività correnti sono espressione di debiti scadenti entro i dodici mesi, ma comprendono anche le quote delle passività consolidate scadenti entro la fine dell'esercizio successivo che possono quindi essere coperte con le vendite d'inizio anno;
- le scadenze dei crediti sono più ravvicinate rispetto a quelle dei debiti e le vendite dell'esercizio successivo saranno riscosse prima della scadenza dei debiti.

Un margine utilizzato soprattutto nelle analisi finanziarie è rappresentato dal **capitale d'esercizio** (*working capital*), che considera la parte corrente del patrimonio, al netto delle liquidità immediate. Il capitale d'esercizio è formato dunque dalle disponibilità economiche più le liquidità differite meno le passività correnti; esso si può ottenere sottraendo dal capitale circolante netto le liquidità immediate.

ANALISI PER MARGINI	
Margine di struttura secco	CPR – ATF
Margine di struttura allargato	CPR + PCN – ATF
Capitale circolante netto	ATC – PCR
Margine di tesoreria	LDF + LIM – PCR*

* LDF = liquidità differite
LIM = liquidità immediate

A

Anticipazioni

Scheda 8

L'anticipazione

L'anticipazione è un'operazione di credito con cui la banca anticipa al cliente una certa somma di denaro, ottenendo come contropartita la costituzione di una garanzia sotto forma di pegno in titoli, merci o documenti rappresentativi degli stessi, il cui valore è in rapporto costante con la somma concessa a credito.

FORME DI ANTICIPAZIONE	
Propria	La proprietà dei beni oggetto di pegno rimane del debitore o del terzo che ha concesso il pegno. La banca custodisce i beni, con obbligo di riconsegna al momento della restituzione del debito, e matura in tale fase il diritto al corrispettivo dovuto e al rimborso delle spese sostenute per la custodia delle merci o dei titoli. L'operazione è salvo buon fine.
Impropria o irregolare	La banca custodisce i beni e può disporne. Il debitore garantisce il buon fine dell'operazione, restituendo comunque l'importo anticipato dalla banca.

L'erogazione del credito a favore del cliente può avvenire:

- **in conto corrente**; non viene stabilito alcun limite temporale d'impiego delle somme messe a disposizione del cliente. Il credito iniziale può essere ripristinato mediante successivi versamenti e gli interessi vengono conteggiati al termine dell'operazione;
- **a scadenza fissa**; la somma anticipata è concessa al cliente in un'unica soluzione e corrisponde al valore nominale diminuito dell'interesse corrisposto sull'intera operazione; alla scadenza pattuita il cliente provvederà alla restituzione del valore nominale del credito.

Da un punto di vista operativo, la banca concede al cliente anticipato un affidamento, che rappresenta il limite massimo dell'anticipazione. L'importo anticipato viene accreditato sul conto corrente ordinario e contemporaneamente addebitato sul conto anticipi dedicato all'operazione. Sul conto anticipi il cliente effettuerà, alla scadenza, il versamento per l'importo anticipato. Al termine dell'operazione la banca chiuderà il conto anticipi, trasferendo la differenza sul conto corrente ordinario. In caso d'insolvenza, la banca potrà rivalersi sui beni o titoli concessi in pegno.

Il costo dell'operazione è il risultato di:

- costo della fase istruttoria di affidamento;
- spese per l'apertura del conto anticipi;
- tasso d'interesse addebitato per l'operazione;
- rimborso delle spese di custodia dei titoli o delle merci (in caso di anticipazione propria);
- spese di tenuta conto;
- commissione di massimo scoperto o similari.

L'anticipo su fatture

L'anticipo su fatture è un'operazione con cui l'impresa che vanta crediti documentati da fatture con pagamento non superiore a 120 giorni richiede alla banca l'anticipo dei flussi di denaro con l'accredito sul proprio conto.

Tale forma di finanziamento è molto utilizzata dalle imprese che hanno tempi di riscossione dei propri crediti medio-lunghi (per esempio imprese che operano con enti pubblici).

Il presupposto dell'operazione è la cessione del credito dall'impresa alla banca con la **clausola *pro solvendo***: i rischi in caso d'insolvenza rimangono infatti a carico dell'impresa cedente. La cessione avviene senza il consenso del debitore, al quale sono notificati il trasferimento del credito e la domiciliazione bancaria per l'effettuazione del pagamento a scadenza.

L'anticipo su fatture è simile all'accredito del portafoglio salvo buon fine. Entrambi presentano:
- smobilizzo di crediti, rappresentati da fatture o da effetti;
- utilizzo di un conto transitorio di anticipo (conto anticipi effetti SBF e conto anticipi su fatture);
- conteggio degli interessi con addebito sul conto anticipi.

ELEMENTI CARATTERISTICI DELL'ANTICIPO SU FATTURE

Importo dell'anticipo	Inferiore al valore nominale delle fatture, generalmente pari al 20-30% del totale; la banca riaccredita comunque la differenza al momento dell'incasso della fattura.
Fatture anticipate	Con scadenza non superiore a 120 giorni.
Incasso finale	Al termine dell'operazione la banca incassa gli importi risultanti dalle fatture in base alla fattispecie del mandato irrevocabile all'incasso.

Da un punto di vista operativo, la banca, al momento dell'accettazione dell'operazione, addebita sul conto anticipi l'importo anticipato e accredita sul conto corrente ordinario il medesimo importo. Quando incassa le fatture, accredita l'importo sul conto anticipi, addebita sul conto anticipi il saldo trattenuto cautelativamente, azzerando il conto stesso, e accredita infine il saldo trattenuto sul conto corrente ordinario. A fine trimestre, poi, la banca procede all'addebito sul conto corrente ordinario degli interessi e delle competenze relative al conto anticipi e spettanti alla medesima per l'operazione di finanziamento concessa.

In caso di mancata riscossione delle fatture, la banca può richiedere lo storno della scrittura iniziale e il conseguente trasferimento delle somme anticipate dal conto corrente ordinario al conto anticipi.

A

Apertura di credito

Scheda 9

L'apertura di credito è un contratto con cui la banca (accreditante) s'impegna a mettere a disposizione del cliente (accreditato) una somma di denaro, per un certo periodo di tempo prestabilito o a tempo indeterminato.

È una tipologia di finanziamento tra le più impiegate, soprattutto in virtù della sua elasticità: spesso, infatti, mancano le garanzie e si può utilizzare in base alle necessità. Il cliente accreditato potrà prelevare gli importi di cui necessita in un'unica soluzione o quando ne ha concretamente bisogno. L'effettivo utilizzo da parte del richiedente costituisce il presupposto all'obbligo di restituzione delle somme prelevate e degli interessi maturati.

Il contratto di apertura di credito comporta una serie di oneri:

- **interessi per gli importi prelevati**, generalmente calcolati sulla base di un tasso pattuito maggiore di quello applicato sulle altre operazioni di credito bancario, in quanto l'operazione offre notevoli vantaggi al cliente ed è più rischiosa per la banca;
- **commissione di massimo scoperto**, un compenso alla banca per aver messo a disposizione del cliente la somma di denaro pattuita, a prescindere dall'effettivo utilizzo del credito;
- **spese varie**, com'è invio dell'estratto conto e delle comunicazioni;
- **spese** per l'istruttoria di fido e per eventuali rinnovi dello stesso.

Le modalità di utilizzo

L'apertura di credito può essere utilizzata in modalità semplice o in conto corrente.

Secondo la **modalità semplice** è previsto un periodo di tempo prestabilito nel quale usufruire del credito: la somma iniziale non può quindi essere ricostituita con successivi versamenti. Nel periodo pattuito possono essere effettuate anche più operazioni, purché per ognuna di esse vengano rispettate le seguenti condizioni:

- la durata di ogni operazione non deve eccedere il tempo massimo concordato;
- l'importo complessivo degli utilizzi non deve superare il limite massimo concordato.

In **conto corrente** il cliente accreditato può utilizzare in più volte le somme messe a disposizione dalla banca, con la possibilità di reintegrare le stesse mediante versamenti successivi in conto corrente. La particolarità di questa forma di utilizzo consiste nel fatto che il cliente può usufruire di una riserva di liquidità rappresentata dalla parte di fido bancario concesso e non utilizzato.

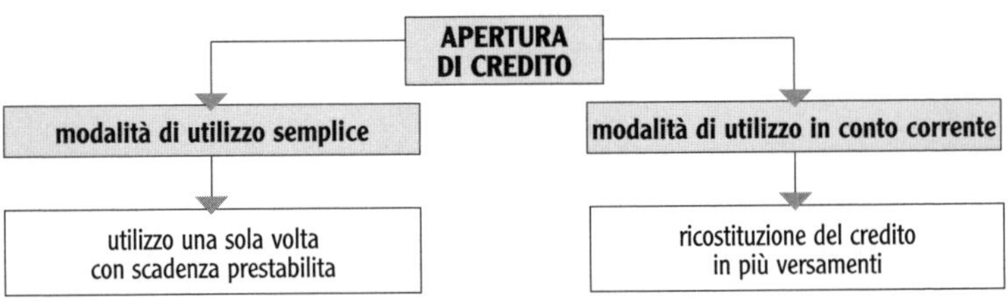

Tipologie dell'apertura di credito

Esistono varie tipologie di apertura di credito:

- **per elasticità di cassa**, utilizzata dalle imprese per fronteggiare gli squilibri tra entrate e uscite correnti e caratterizzata da un'alternanza di saldi attivi e passivi del conto corrente. L'impresa accreditata utilizzerà le somme messe a disposizione dalla banca nel momento e per gli importi di cui necessita e in funzione del suo fabbisogno finanziario;
- **ordinaria**, una vera e propria forma di finanziamento. Il cliente è autorizzato a effettuare prelevamenti ripartiti nel tempo, a condizione che la sua esposizione complessiva non superi il limite imposto dalla banca. Generalmente è a tempo indeterminato e l'impresa può adattare alle esigenze della gestione sia l'importo del credito utilizzato sia il costo a esso commisurato;
- **garantita**, in presenza di fideiussioni, avalli, pegni e ipoteche. Generalmente il cliente che richiede questa tipologia di finanziamento vincola un proprio deposito o valori mobiliari a favore della banca, rivestendo quindi il duplice ruolo di creditore e debitore in conti separati, sui quali ovviamente vengono applicati tassi d'interesse differenti;
- **documentaria**, quando la banca concede il finanziamento solo dopo aver controllato i documenti relativi alle merci e aver provveduto al ritiro delle stesse;
- **agraria**, riservata agli operatori del settore agricolo, che generalmente dispongono anche di un conto corrente agrario a condizioni vantaggiose proprio per il settore.

Se non è assistita da idonee garanzie reali o personali, l'apertura viene detta "**allo scoperto**". La banca la concede solo sulla base del patrimonio del debitore o del suo elevato grado di affidabilità, garantito per esempio dal rapporto pluriennale con la banca stessa, comprendente altre operazioni di finanziamento regolarmente estinte.

Le modalità di recesso

Con riferimento, infine, alle modalità di recesso dal contratto, esse sono diverse a seconda della scadenza pattuita dalle parti e precisamente:

- **aperture a scadenza fissa**; la banca non può recedere prima della scadenza se non per giusta causa, con un periodo minimo di preavviso di 15 giorni; tale forma viene generalmente prescelta dalla banca al fine di adeguare il tasso d'interesse applicato ai saggi vigenti sul mercato;
- **aperture a scadenza indeterminata** (o "fino a revoca"); le parti possono recedere liberamente con un preavviso di almeno 15 giorni, se non diversamente pattuito; tale forma è più rischiosa per la banca, che ha minori possibilità di adeguare i tassi all'andamento di mercato.

A

Autorità creditizie nazionali ed europee

Scheda 10

Le **autorità creditizie** esercitano i poteri di vigilanza al fine di garantire il rispetto dei principi di:
- sana e prudente gestione dei soggetti vigilati;
- stabilità complessiva, efficienza e competitività del sistema finanziario;
- osservanza delle disposizioni in materia creditizia.

L'attività di vigilanza, esercitata nei confronti delle banche, dei gruppi bancari e degli intermediari finanziari, deve essere conforme alle disposizioni comunitarie, applicando i regolamenti e le decisioni dell'Unione europea.

Le autorità creditizie nazionali sono: il Comitato Interministeriale per il Credito e il Risparmio (Cicr), il ministro dell'Economia e delle finanze, la Banca d'Italia. Le autorità creditizie europee sono rappresentate dal Sistema Europeo di Banche Centrali.

Il Comitato Interministeriale per il Credito e il Risparmio

Il **Cicr** è un organo collegiale presieduto dal ministro dell'Economia e delle finanze e incaricato dell'alta vigilanza in materia di credito e tutela del risparmio. Partecipa all'emanazione delle norme riguardanti i soggetti sottoposti al controllo. Alle sue sedute partecipa, quale organo individuale con funzioni consultive, il governatore della Banca d'Italia.

Il Comitato interviene nell'ambito delle seguenti materie:
- raccolta del risparmio;
- rapporto tra banche e industria;
- vigilanza regolamentare sulle banche, sui gruppi e sugli intermediari finanziari;
- trasparenza e credito al consumo;
- reclami contro i provvedimenti adottati dalla Banca d'Italia nell'esercizio dei poteri di vigilanza.

Il ministro dell'Economia e delle finanze e la Banca d'Italia

Il **ministro dell'Economia e delle finanze** adotta, con decreto, i provvedimenti di competenza e ha facoltà di sottoporli preventivamente al Cicr. In caso di urgenza, il ministro sostituisce il Cicr e lo informa delle decisioni prese entro 30 giorni.

Nell'esercizio delle funzioni di vigilanza, la **Banca d'Italia** procede a:
- formulare le proposte per le deliberazioni la cui competenza è riservata al Cicr;
- emanare i regolamenti nei casi previsti dalla legge;
- impartire istruzioni e adottare i provvedimenti di sua specifica competenza;
- determinare e rendere pubblici i principi e i criteri dell'attività di vigilanza;
- pubblicare annualmente una relazione sull'attività di vigilanza.

Contro i provvedimenti adottati dalla Banca d'Italia è ammesso reclamo al Cicr, da parte degli interessati, entro 30 giorni dalla comunicazione o dalla pubblicazione.

TIPI DI VIGILANZA DELLA BANCA D'ITALIA	
Informativa	La Banca d'Italia riceve informazioni: dalle banche, che inviano segnalazioni periodiche e i bilanci; dal personale delle banche e dalle relative capogruppo; dal collegio sindacale e dagli incaricati della revisione o del controllo contabile, che la informano di tutti gli atti o fatti che possano costituire irregolarità o violazione delle norme nella gestione e nell'attività bancaria.
Regolamentare	La Banca d'Italia, conformemente alle delibere del Cicr, emana disposizioni su: - adeguatezza patrimoniale e contenimento del rischio; - partecipazioni detenibili; - organizzazione amministrativa e contabile e i controlli interni.
Ispettiva	La Banca d'Italia può effettuare ispezioni presso le banche e richiedere l'esibizione dei documenti e degli atti che ritenga necessari.

Il Sistema Europeo di Banche Centrali (Sebc) e la Banca Centrale Europea (Bce)

Il **Sebc** comprende la Banca Centrale Europea (Bce), che ne costituisce il nucleo, e le banche centrali nazionali di tutti gli Stati membri dell'Unione europea, a prescindere dall'adozione della moneta unica. Le sue funzioni sono definite dal trattato che istituisce l'Unione europea, specificate nel suo statuto e in quello della Bce.

L'obiettivo principale del Sebc è il mantenimento della stabilità dei prezzi. Fatto salvo tale obiettivo, sostiene le politiche economiche generali nell'Ue al fine di contribuire alla realizzazione degli obiettivi comuni.

La **Bce** è l'organo responsabile della moneta unica europea, il cui compito principale consiste nel preservarne il potere d'acquisto, mantenendo così la stabilità dei prezzi nell'area dell'euro.

La Banca d'Italia concorre alle decisioni di politica monetaria e alla sua gestione operativa mediante la partecipazione del suo governatore al consiglio direttivo della Bce.

In base al trattato che istituisce l'Ue, le funzioni fondamentali della Bce sono:

- definire e attuare la politica monetaria all'interno dell'area euro;
- svolgere le operazioni sui cambi;
- detenere e gestire le riserve ufficiali dei Paesi dell'area dell'euro;
- promuovere il regolare funzionamento dei sistemi di pagamento;
- autorizzare, in via esclusiva, l'emissione di banconote all'interno dell'area dell'euro;
- acquisire le informazioni statistiche necessarie per lo svolgimento dei propri compiti;
- contribuire alla regolare conduzione delle politiche perseguite dalle autorità competenti in materia di vigilanza.

B

Bilancio consolidato

Scheda 11

Il bilancio consolidato è il documento che deve essere preparato dalle società che controllano un'impresa, direttamente o indirettamente (art. 25, d.lgs. n. 127/91).

Al fine di definire il concetto di **controllo**, si fa riferimento all'art. 2359 c.c., che definisce tre tipologie di controllo: di diritto, di fatto e contrattuale.

Controllo di diritto	Una società (controllante) dispone della maggioranza di voti esercitabile nell'assemblea ordinaria di un'altra società (controllata).
Controllo di fatto	Una società dispone di voti sufficienti per esercitare un'influenza dominante nelle delibere dell'assemblea ordinaria.
Controllo contrattuale	Anche in assenza del possesso di partecipazioni, una società ha un'influenza dominante su un'altra società, in virtù di particolari vincoli contrattuali con essa (contratti di agenzia, di franchising, di licenza, di brevetto, di fornitura esclusiva e simili).

L'**area di consolidamento**, cioè l'insieme delle imprese che fanno parte del consolidato, comprende tutte le imprese controllate o sotto l'influenza dominante della capogruppo.

Sono esonerate dall'obbligo di redazione del bilancio consolidato le imprese di modeste dimensioni, quando cioè la controllante insieme alle controllate non abbia superato, per due esercizi consecutivi, due dei seguenti limiti:

- totale attivi degli stati patrimoniali 20.000.000 euro;
- totale dei ricavi di vendite e prestazioni 40.000.000 euro;
- 250 dipendenti occupati in media nell'anno.

L'esonero non si applica se l'impresa controllante o una delle imprese controllate è un ente di interesse pubblico.

Il bilancio consolidato si ottiene dall'aggregazione e dall'integrazione dei bilanci delle imprese che rientrano nell'area di consolidamento, dopo aver operato le opportune rettifiche ed eliminazioni.

Il primo elemento è la **data** di riferimento del bilancio consolidato: esso deve coincidere, salvo alcune deroghe, con la data di chiusura del bilancio dell'esercizio dell'impresa controllante.

L'art. 29, d.lgs. n. 127/91 impone che il bilancio sia redatto con **chiarezza** e rappresenti in modo **veritiero** e **corretto** la situazione patrimoniale e finanziaria e il risultato economico del complesso delle imprese, costituito dalla controllante e dalle controllate.

La legge stabilisce poi i criteri di valutazione da seguire nella redazione del bilancio e in particolare il principio dell'**uniformità** e il principio della **omogeneità**, soprattutto nel caso in cui le società del gruppo adottino principi contabili diversi.

La prima operazione da fare per redigere il bilancio consolidato è comporre il **prospetto di consolidamento**, un foglio di lavoro formato di tre colonne:

1. nella prima vengono riportate le voci dei bilanci (Stato patrimoniale e Conto economico) delle società da consolidare;
2. nella seconda le rettifiche da apportare;
3. nella terza e ultima colonna vanno inseriti i dati del bilancio consolidato.

Le **voci** più significative **da consolidare** sono: le partecipazioni, i diritti delle minoranze e le compensazioni dei valori reciproci.

Le partecipazioni

A fronte della eliminazione della voce "Partecipazioni", che figura nel bilancio della società controllante che effettua il consolidamento, devono essere riportati i valori integrali degli elementi del patrimonio e dei componenti del reddito dei bilanci delle controllate da consolidare.

Le tecniche di consolidamento, con relativo assestamento delle partecipazioni, sono:

- l'assestamento analitico, che prevede la sostituzione alla voce "Partecipazioni", presente nello Stato patrimoniale della società capogruppo, dei singoli elementi attivi e passivi delle società controllate, attraverso il consolidamento globale;
- l'assestamento sintetico, che prevede soltanto la valutazione della voce "Partecipazioni" secondo il metodo del patrimonio netto, con il quale le partecipazioni sono valutate in base alla percentuale di partecipazione al patrimonio netto di ciascuna controllata, risultante alla fine dell'esercizio, o del valore di costo, con il quale la partecipazione continua a essere valutata al suo costo di acquisizione.

La **differenza di consolidamento**, determinata con l'assestamento delle partecipazioni, può essere positiva (giustificata dal maggior costo sostenuto per l'acquisto delle partecipazioni rispetto ai valori contabili) o negativa (collegata a un minor costo sostenuto per l'acquisto delle partecipazioni dovuto a situazioni aziendali, contingenti o future, sfavorevoli).

I diritti delle minoranze

L'assestamento delle partecipazioni presuppone anche quello delle minoranze, qualora la partecipazione della controllante non sia totalitaria. Occorre quindi evidenziare nel bilancio consolidato i diritti delle minoranze relative al patrimonio e agli utili conseguiti dalle società controllate così come stabilito dai commi 3 e 4 dell'art. 32.

La compensazione dei valori reciproci

Si tratta dei valori derivanti da operazioni poste in essere tra le imprese del gruppo, quali gli acquisti e le vendite, i conseguenti debiti e crediti commerciali, i debiti e i crediti finanziari e simili.

- La compensazione di questi valori richiede l'eliminazione degli utili interni derivanti dalle operazioni sopra dette; pertanto dovranno essere esclusi dal consolidamento gli utili interni scaturiti: dai crediti e dai debiti, rettificando quindi gli interessi;
- dalle vendite, rettificando quindi le rimanenze e le eventuali plusvalenze per cessioni di beni strumentali.

B

Bilancio in forma abbreviata

Scheda 12

Il bilancio abbreviato

Le cosiddette società minori possono redigere il bilancio in una forma abbreviata, la cui struttura è più snella e semplificata rispetto a quella ordinaria.

I presupposti per poter redigere il bilancio abbreviato sono previsti dall'art. 2435-*bis* c.c. e vengono aggiornati periodicamente per adeguarli alle mutate condizioni di operatività delle imprese.

Possono redigere il bilancio abbreviato le società che non hanno emesso titoli negoziati sui mercati regolamentati e che nel primo esercizio o, successivamente per due esercizi consecutivi, non hanno superato due dei seguenti limiti:
- totale dell'attivo dello Stato patrimoniale non superiore a 4.400.000 euro;
- ricavi delle vendite e delle prestazioni non superiori a 8.800.000 euro;
- dipendenti occupati in media durante l'esercizio non superiori a 50 unità.

La possibilità di redigere il bilancio in forma abbreviata viene meno quando per il secondo esercizio consecutivo sono superati i limiti sopra indicati. In tal caso la società è obbligata alla redazione del bilancio in forma ordinaria. Le società che redigono il bilancio in forma abbreviata sono esonerate dalla redazione del rendiconto finanziario.

La struttura del bilancio in forma abbreviata prevede varie semplificazioni che descriviamo di seguito.

Lo Stato patrimoniale

Lo Stato patrimoniale in forma abbreviata comprende solo le voci contrassegnate con lettere maiuscole (categorie) e con numeri romani (raggruppamenti).

ATTIVO

A) Crediti verso soci per versamenti ancora dovuti, con separata indicazione della parte già richiamata

B) Immobilizzazioni
- I) Immobilizzazioni immateriali
- II) Immobilizzazioni materiali
- III) Immobilizzazioni finanziarie, con separata indicazione, per ciascuna voce, dei crediti, degli importi esigibili entro l'esercizio successivo

C) Attivo circolante
- I) Rimanenze
- II) Crediti, con separata indicazione, per ciascuna voce, degli importi esigibili oltre l'esercizio successivo
- III) Attività finanziarie che non costituiscono immobilizzazioni
- IV) Disponibilità liquide

D) Ratei e risconti, con separata indicazione del disaggio su prestiti

PASSIVO

A) Patrimonio netto I) Capitale II) Riserva da sovrapprezzo azioni III) Riserve di rivalutazione IV) Riserva legale V) Riserve statutarie VI) Riserva per azioni proprie in portafoglio VII) Altre riserve, distintamente indicate VIII) Utili (perdite) portati a nuovo IX) Utile (perdita) dell'esercizio	**B) Fondi per rischi e oneri** **C) Trattamento di fine rapporto di lavoro subordinato** **D) Debiti** **E) Ratei e risconti**

Inoltre, occorre tener conto che:
- le voci A e D dell'Attivo possono essere comprese nella voce CII;
- la voce E del Passivo può essere compresa nella voce D;
- nelle voci CII dell'Attivo e D del Passivo devono essere separatamente indicati i crediti e i debiti esigibili oltre l'esercizio successivo.

Il Conto economico

Possono essere raggruppate le seguenti voci:
- A2 e A3;
- B9 (c), B9 (d) e B9 (e);
- B10 (a), B10 (b) e B10 (c);
- C16 (b) e C16 (c);
- D18 (a), D18 (b) e D18 (c);
- D19 (a), D19 (b), D19 (c) e D19 (d).

La nota integrativa

Sono omesse le indicazioni richieste:
- dal numero 10 dell'art. 2426 c.c.;
- dai numeri 2, 3, 7, 9, 10, 12, 13, 14, 15, 16 e 17 dell'art. 2427 c.c.;
- dal numero 6 dell'art. 2427 c.c.

Se nella nota integrativa vengono fornite le informazioni richieste dalla relazione sulla gestione ai punti 3 e 4 dell'art. 2428 c.c., relative alle azioni proprie e alle azioni acquistate o alienate nell'esercizio, la società è esonerata dalla redazione del suddetto documento di accompagnamento al bilancio.

Le micro imprese

Sono considerate micro imprese le società che nel primo esercizio o, successivamente, per due esercizi consecutivi, non abbiano superato due dei seguenti limiti:
- totale dell'attivo non superiore a 175.000 euro;
- ricavi non superiori a 350.000 euro;
- 5 dipendenti occupati in media durante l'esercizio.

Il bilancio delle micro imprese è ulteriormente semplificato, con l'esonero dalla redazione del rendiconto finanziario, della nota integrativa e della relazione sulla gestione. Le informazioni aggiuntive devono tuttavia essere riportate in calce allo Stato patrimoniale.

Break even analysis

Scheda 13

L'analisi dei costi-volumi-risultati (**break even analysis**) si basa sulla distinzione fra costi fissi e variabili e assume rilevanza ai fini dell'analisi economica orientata alle decisioni, in quanto consente di analizzare in modo approfondito la redditività aziendale. Tale analisi consente di determinare il punto di pareggio (**break even point**) fra costi e ricavi totali, al fine di prevedere i risultati economici ai vari livelli di produzione. La ricerca del break even point può avvenire con procedimento matematico o grafico.

Il procedimento matematico

Analiticamente il punto di pareggio si ottiene uguagliando i ricavi (R) ai costi totali (CT), ovvero alla sommatoria tra costi fissi (CF) e costi variabili (CV):

$$R = CF + CV = CT$$

Esprimendo sia i ricavi sia i costi variabili in funzione delle quantità prodotte si ha:

$$p \times q = CF + cv \times q$$
$$q \times (p - cv) = CF$$
$$q = CF/\,(p - cv)$$

dove: p = prezzo
q = quantità prodotta

Il punto di pareggio (q) corrisponde quindi alla quantità prodotta che consente di coprire i costi fissi mediante il **margine di contribuzione** (p – cv).

Il procedimento grafico

I costi fissi possono essere rappresentati mediante una linea retta parallela all'asse delle ascisse, che attraversa l'asse delle ordinate nel punto k (Fig. 1). Al variare della capacità produttiva i costi fissi si spostano a un differente livello, pur mantenendosi costanti al variare della produzione, ossia varia l'ordinata all'origine della retta.

I costi variabili possono essere rappresentati mediante una retta che parte dall'origine degli assi, con un'inclinazione proporzionale al valore del costo variabile per unità di prodotto (Fig. 2).

Fig. 1

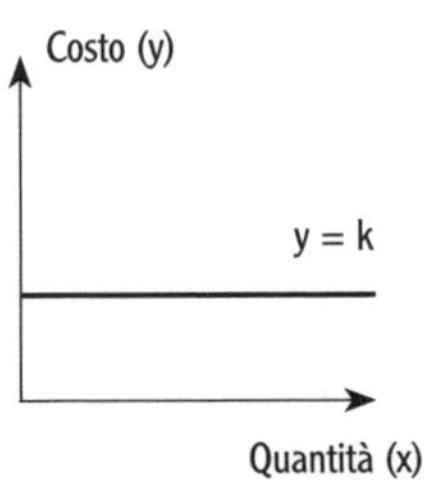

Fig. 2

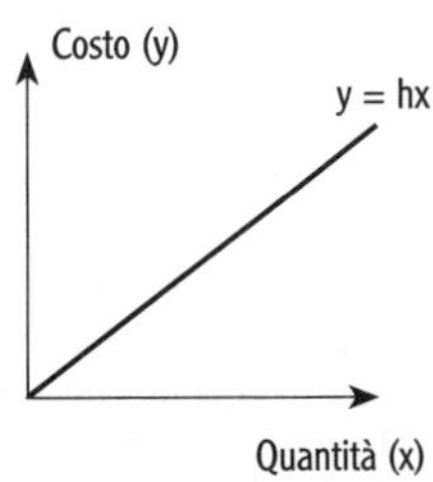

Si tratta di una retta del tipo y = hx, dove il fattore h rappresenta i costi variabili unitari e costituisce il coefficiente angolare della retta.

I costi complessivi sono pari alla sommatoria della retta dei costi fissi e dei costi variabili: la risultante sarà una retta parallela a quella dei costi variabili che ha origine dal punto (0,k), del tipo y = k + hx.

Fig. 3

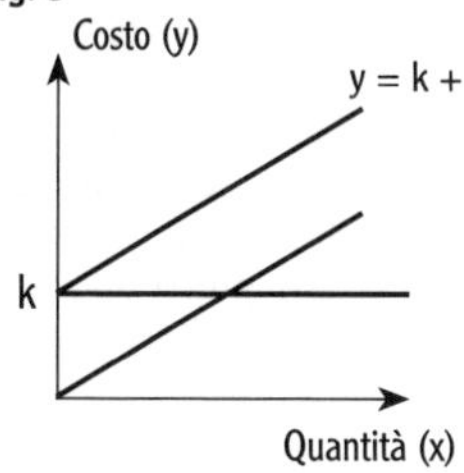

A questo punto è possibile effettuare un'analisi economica finalizzata all'adozione di importanti decisioni gestionali. La ricerca del punto di pareggio può essere infatti definita come lo strumento che consente di determinare il livello di produzione che permette di coprire i **costi totali** e quindi di raggiungere l'equilibrio economico della gestione.

Graficamente si giunge a questo risultato mediante l'intersezione della retta dei costi totali con quella dei ricavi.

Fig. 4

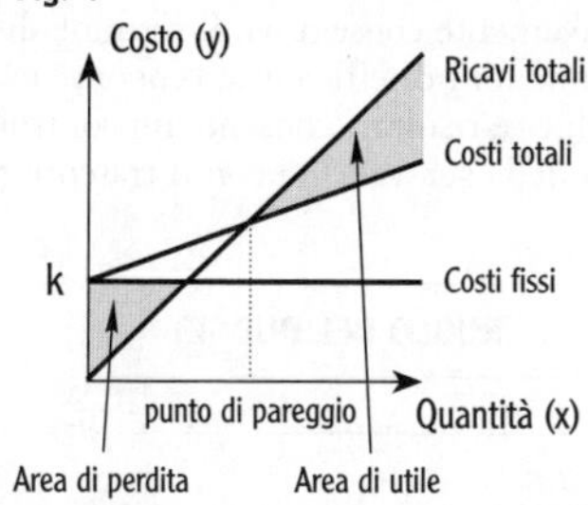

Una produzione inferiore alla quantità in corrispondenza della quale si ottiene il pareggio genera una perdita; una produzione superiore consente di entrare nell'area di utile. Il pareggio economico si ottiene, dunque, con una quantità di produzione in corrispondenza della quale la retta dei ricavi interseca quella dei costi totali.

Budget e programmazione

Scheda 14

Natura e funzioni del budget

Il **budget** consiste in un programma espresso in termini quantitativo-monetari, che rappresenta il risultato di un processo mediante il quale vengono fissati gli obiettivi e si procede all'allocazione di risorse tra le unità aziendali.

Da un **punto di vista organizzativo** è lo strumento attraverso cui la compagine aziendale trova un accordo in termini di compiti da svolgere nel futuro immediato e di allocazione delle risorse, allo scopo di perseguire la stabilità organizzativa.

Il budget rappresenta innanzitutto una guida all'azione e un incentivo alla motivazione dei manager ai vari livelli, ai quali vengono indicati:

- gli obiettivi da raggiungere;
- i comportamenti da tenere;
- i mezzi e le risorse per raggiungere gli obiettivi, il tutto coerentemente con il piano strategico e i rispettivi obiettivi.

Inoltre, il budget permette il coordinamento dei vari organi d'impresa, al fine di evitare lo svolgimento settoriale delle varie attività. Ciò avviene attraverso un sistema integrato di obiettivi e di sub-obiettivi: le varie unità aziendali affrontano preventivamente nella fase di formulazione dei singoli programmi a breve termine, i problemi che potrebbero sorgere nei reciproci rapporti l'anno successivo, e si accordano sui modi per rendere uniforme la propria azione.

Da un **punto di vista economico** il budget è il fattore determinante di un notevole numero di decisioni economiche riguardanti le diverse aree funzionali o divisionali nelle loro relazioni congiunte.

Inoltre, il budget fornisce i parametri economico-finanziari con cui confrontare i risultati gestionali effettivamente conseguiti. Il termine di raffronto è un obiettivo da raggiungere in condizioni di efficienza, economicità ed equilibrio finanziario; il confronto tra budget e risultati consente un controllo razionale, con una conseguente analisi critica della sua validità con il trascorrere del tempo.

Il **budget generale d'impresa** è composto da una serie di singoli budget; esso è costituito da un insieme di programmi e dalla definizione dei mezzi per raggiungere gli obiettivi da questi rappresentati, definiti a valore e quantità.

Dalla pianificazione al budget

Il **piano** è la risultante di un processo che parte da una valutazione dei punti di forza e di debolezza della compagine aziendale e stabilisce gli obiettivi validi per un certo periodo, individuando le alternative in grado di soddisfarli.

Il budget si collega al processo di pianificazione attraverso la definizione delle modalità di reperimento delle risorse, allocando le stesse fra le varie aree. I legami tra piano e budget si inquadrano in un'ottica di natura organizzativa, di contenuto e di tempistica. Ovviamente la definizione del piano precede quella del budget: non avrebbe senso, infatti, acquisire e allocare risorse senza aver dapprima tracciata la via o verificato che gli indirizzi e le direttive in precedenza formulate siano ancora valide.

Il **processo integrato piano-budget** diventa quindi un processo continuo e circolare in cui centrale è la fase del controllo e della verifica del budget; tale processo si definisce di pianificazione-programmazione-controllo, con il controllo di gestione che si collega a quello strategico.

La formulazione del budget

Le fasi di formulazione del budget possono essere così sintetizzate:

- previsione dello scenario esterno all'impresa e analisi della situazione iniziale dell'impresa stessa;
- analisi degli obiettivi e delle strategie elaborate nel processo di pianificazione strategica;
- elaborazione dei piani di dettaglio, con definizione degli obiettivi delle diverse unità organizzative;
- verifica della fattibilità del programma in relazione al raggiungimento degli obiettivi economici e finanziari;
- eventuale revisione dei macro-obiettivi o degli obiettivi particolari;
- approvazione definitiva del budget.

Budget: pianificazione e controllo

Scheda 15

La definizione delle linee strategiche

Il processo di definizione delle linee strategiche si articola nelle seguenti fasi.

Identificazione degli obiettivi	Definisce le linee guida generali del comportamento dell'impresa.
Pianificazione strategica	Fissa i programmi pluriennali per il raggiungimento degli obiettivi.
Budgeting	Definisce le azioni da svolgere nel breve periodo per attuare i programmi pluriennali selezionati.

La **pianificazione operativa** consente, attraverso la redazione del budget generale, di proiettare la pianificazione strategica nel breve termine.

Al termine del processo viene predisposto un **budget generale dell'esercizio**, ovvero un documento che sintetizza il complesso dei singoli budget d'impresa.

Il budget generale riassume i vari budget al fine di redigere uno Stato patrimoniale e un Conto economico preventivi.

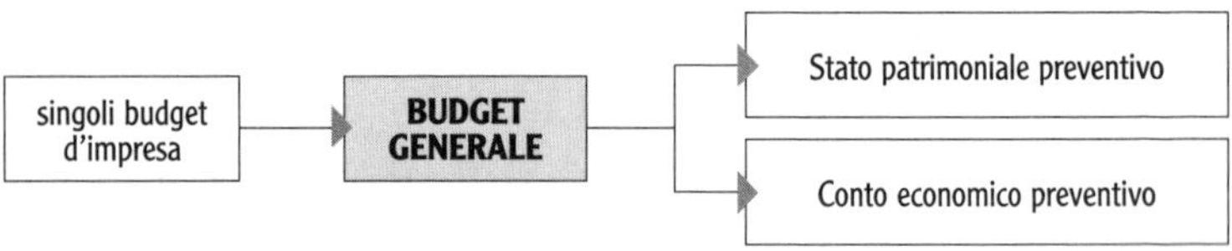

Dai budget settoriali al budget generale

I **budget settoriali** sono strettamente legati sia al budget degli investimenti sia a quello finanziario, e rappresentano il contributo delle diverse aree gestionali (vendite, produzione, settore commerciale) alla formazione del risultato economico.

Il momento centrale del ciclo di budgeting è rappresentato dalla redazione del **budget delle vendite**; gli altri budget operativi sono infatti fissati partendo dal fatturato programmato. Il budget delle vendite viene redatto attraverso l'intervento diretto delle funzioni marketing e vendite, che dispongono direttamente di informazioni sul mercato di riferimento, e degli staff di pianificazione e controllo, che collegano tali informazioni con le strategie d'impresa di medio-lungo periodo.

Il **budget degli investimenti** evidenzia gli investimenti previsti durante l'anno, nel rispetto degli obiettivi di medio-lungo periodo, fissati in sede di pianificazione strategica; esso si suddivide nelle seguenti parti:

- investimenti in immobilizzazioni, che evidenzia sia quelli approvati sia quelli in approvazione, con un dettaglio dei fabbisogni finanziari di cui necessitano;
- investimenti in risorse umane, che comprende la proiezione dei costi di ricerca, selezione, assunzione e inserimento del personale all'interno dell'impresa.

Il **budget finanziario** verifica la fattibilità finanziaria del budget d'esercizio, mediante l'analisi della capacità di autofinanziamento e della dinamica della cassa, nelle ipotesi di funzionamento operativo programmato. Esso prende in considerazione:
- il budget fonti/impieghi, per esaminare la compatibilità finanziaria dei budget operativi formulati mediante la definizione dell'entità del fabbisogno finanziario dell'impresa stessa;
- il budget di cassa, al fine di anticipare eventuali rischi di insolvenza dell'impresa.

Una volta definiti i budget operativi, degli investimenti e finanziari vengono redatti il **Conto economico** e lo **Stato patrimoniale di budget**, che sintetizzano i vari piani del budget generale.

Il controllo budgetario

Il processo di budgeting prosegue con l'analisi dei risultati raggiunti cercando di individuare i motivi degli **scostamenti** tra valori a consuntivo e previsioni.

Il ciclo di controllo si completa tradizionalmente attraverso il processo di retroazione (**feedback**), ossia mediante la rilevazione, di solito al termine di ogni mese, dei risultati consuntivi, elaborati in termini di analisi degli scostamenti; sulla base di tale analisi vengono attuate le eventuali azioni correttive.

L'approccio di feedback è tuttavia efficace solo in ambienti relativamente stabili, se l'ambiente è poco prevedibile e l'impresa scarsamente flessibile, tale sistema può essere sostituito da un controllo definito processo di reazione anticipata (**feedforward**).

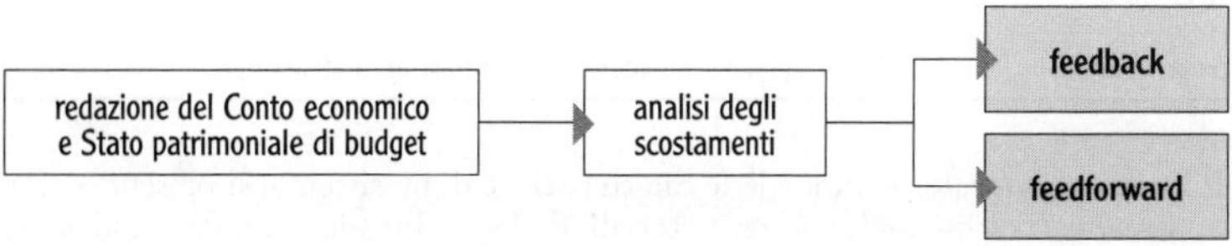

Il controllo feedforward richiede l'elaborazione di un **budget preconsuntivo**, costituito dai dati consuntivi disponibili e dalla previsione dei dati relativi al periodo residuo.

Le eventuali azioni correttive vengono decise dal vertice strategico e dal management; tale intervento può essere facilitato dalla redazione di un **budget flessibile**, che è lo strumento rivolto all'analisi dei motivi degli scostamenti tra valori consuntivi e programmati. Esso considera come esterni all'impresa solo gli scostamenti legati a una variazione dei volumi o dei prezzi dei fattori, assegnando al management tutte le altre variazioni.

Il mutamento del processo di budgeting in contesti innovativi, implica infine una modifica anche del ruolo dei diversi soggetti che operano nel processo: crescendo la complessità del contesto in cui opera l'impresa, la conoscenza richiesta ai manager diviene necessariamente più distribuita con un conseguente maggiore coinvolgimento dei responsabili funzionali, che devono avere un ruolo attivo all'interno del processo di budgeting.

B

Budget: le varie tipologie

Scheda 16

Il budget rappresenta uno strumento a disposizione della direzione e si identifica in un insieme di procedure integrate tendenti a sottoporre a continua verifica l'andamento della gestione nelle sue numerose manifestazioni settoriali e quindi nella sua globalità.

Il **budget** è il documento espresso a valore e a quantità che determina a preventivo l'impiego delle risorse necessarie per raggiungere gli obiettivi e svolgere le operazioni programmate.

I budget possono essere di vari tipi come è illustrato nella tabella seguente.

Di periodo	quando fanno riferimento a un programma da attuarsi entro un certo intervallo di tempo più o meno ampio.
Di iniziativa	quando sono connessi a programmi volti a raggiungere un obiettivo definito.
Flessibili	nei quali si prevedono diverse ipotesi operative.
Rigidi	nei quali si esamina una sola ipotesi operativa.
Generali	nei quali viene investita l'impresa nella sua interezza.
Settoriali	nei quali vengono investiti solo specifici settori funzionali.
A periodo fisso	quando si richiamano allo stesso arco temporale.
Scorrevoli	quando si trasformano e reintegrano con il trascorrere del tempo.

Il **budget generale**, assumendo le caratteristiche di un sistema, si presenta come un insieme coordinato di budget settoriali (delle vendite, dei costi di produzione, degli investimenti ecc.). Esso ha lo scopo di formulare e di controllare dei programmi, ma anche la funzione di coordinamento dei singoli programmi operativi sulla base dei vincoli economici. Il budget generale è generalmente riferito a periodi annuali; ai fini dell'attività di controllo, tuttavia, viene frazionato in scadenze più ristrette (trimestri o mesi), per disporre di informazioni in epoche prossime al manifestarsi degli eventi; quanto più il controllo è immediato, tanto più è efficace.

Per definire gli obiettivi dei diversi settori d'impresa, si parte dalla previsione dei ricavi di vendita, da cui dipendono tutti gli altri valori, come il volume di produzione, gli approvvigionamenti, il magazzino, le spese di vendita, generali e amministrative. Se dopo la redazione del budget, partendo da un certo obiettivo di ricavi di vendita definito dalla funzione preposta, la capacità produttiva d'impresa non è pienamente sfruttata, con costi di struttura eccedenti e sprechi di risorse, occorre riformulare il programma espresso con il budget, aumentando lo sfruttamento della capacità produttiva. Da questo nuovo obiettivo discendono a cascata tutti gli altri obiettivi.

Il budget generale deve essere analizzato da vari punti di vista, al fine di formare un sistema di valori da cui ricavare informazioni utili per l'intera struttura d'impresa.

Il lungo processo di formulazione del budget termina con la redazione di un documento, approvato dalla direzione d'impresa, che vincola i vari organi che hanno collaborato alla sua stesura. Tale documento assume la forma di un **bilancio preventivo globale**, in quanto traduce i programmi di gestione dell'anno successivo in bilanci, ossia in sistemi di valori economici, finanziari e patrimoniali.

BUDGET D'IMPRESA

Budget economico	È uno strumento operativo utile per scopi interni all'impresa e non un documento di comunicazione a terzi. Esso dovrà evidenziare anche altri risultati economici lordi o intermedi, quali: - il margine lordo di contribuzione (ricavi di vendita – costi variabili); - il reddito operativo (ricavi di vendita – costi operativi); - il reddito ante-imposte (ricavi – costi, eccetto le imposte sul reddito).
Budget patrimoniale	È uno Stato patrimoniale preventivo che si ottiene mediante la riclassificazione del documento tradizionale, secondo criteri finanziari, distinguendo gli impieghi di capitale dalle fonti di finanziamento.
Budget finanziario	Accoglie valori-flusso di natura finanziaria previsti per l'esercizio successivo. I flussi finanziari di budget si distinguono in: - budget delle fonti e degli impieghi; - budget di cassa o di tesoreria. Esso ha la funzione particolare di verificare la fattibilità dei programmi operativi d'impresa sotto l'aspetto finanziario. Solo mediante un'analisi accurata dei mezzi finanziari accessibili all'impresa si può decidere di attuare o meno i programmi operativi di vendita, produzione, acquisizione delle risorse.

La formazione del budget d'impresa è il risultato di una serie di negoziazioni tra organi superiori e organi subordinati: il punto di partenza è rappresentato da obiettivi e direttive espressi dall'alta direzione; ogni organo sviluppa poi il programma di gestione di sua competenza, discutendo e contrattando con il superiore diretto gli obiettivi da realizzare.

Il budget d'impresa approvato diviene esecutivo, impegnando i vari responsabili: tuttavia, basandosi su previsioni riguardanti l'ambiente esterno e il funzionamento dell'impresa, spesso il budget deve essere aggiornato oppure rielaborato *ex novo*.

C

Componenti negativi di reddito

Scheda 17

Le spese per prestazioni di lavoro

In linea di principio, tutti gli importi corrisposti, sia in denaro sia in natura, in dipendenza di un rapporto di lavoro subordinato sono deducibili dal reddito imponibile. In particolare sono deducibili i costi relativi a:

- salari e stipendi, contributi previdenziali e assistenziali, accantonamenti ai fondi di quiescenza e previdenza;
- rimborsi documentati e analitici per vitto e alloggio, se sostenuti nel Comune ove l'imprenditore ha la sede dei propri affari o nel limite di 180,76 euro giornalieri se sostenuti fuori dal Comune;
- rimborsi dei biglietti di viaggio e chilometrici (in base alle tariffe Aci);
- opere o servizi utilizzabili dalla generalità dei dipendenti per finalità di educazione, istruzione, ricreazione, assistenza sociale e sanitaria o culto, nel limite del 5‰ del valore complessivo delle spese per prestazione di lavoro dipendente.

Le spese di manutenzione e riparazione

Le **spese di manutenzione e riparazione** ordinarie, che non incrementano il costo dei beni ammortizzabili, sono deducibili nel limite del 5% del costo complessivo di tutti i beni materiali ammortizzabili iscritti nell'apposito registro alla data d'inizio dell'esercizio a cui tali spese si riferiscono. La parte eccedente il 5% è deducibile nei cinque esercizi successivi in quote costanti.

L'art. 102 Tuir prevede inoltre che:

- per le imprese di nuova costituzione il valore su cui calcolare il 5% sia il costo complessivo dei beni alla fine dell'esercizio;
- i compensi periodici corrisposti a terzi per manutenzioni periodiche siano integralmente deducibili nell'esercizio di competenza.

Le minusvalenze patrimoniali e le sopravvenienze passive

Le **minusvalenze patrimoniali** concorrono a formare il reddito se realizzate mediante cessione a titolo oneroso e sono pari alla differenza fra il costo non ammortizzato del bene ceduto e il corrispettivo della vendita.

Le **sopravvenienze passive** sono relative a:

- mancato conseguimento di ricavi o altri proventi che hanno concorso a formare il reddito in esercizi precedenti;
- sostenimento di costi a fronte di ricavi imponibili negli esercizi precedenti (resi, sconti, abbuoni e premi concessi in esercizi successivi a quello di competenza dei ricavi a cui si riferiscono);
- sopravvenuta insussistenza di attività iscritte in bilancio in esercizi precedenti (furto o distruzione di un bene strumentale).

La svalutazione dei crediti e gli accantonamenti per rischi su crediti

La svalutazione dei crediti commerciali è ammessa fiscalmente nel limite dello 0,50% del valore nominale o di acquisizione della massa creditizia commerciale risultante in bilancio a fine esercizio.

SVALUTAZIONE DEI CREDITI

Componenti dell'importo su cui calcolare lo 0,50%	Componenti non ammessi al calcolo della svalutazione
- Crediti non coperti da garanzia assicurativa. - Crediti derivanti da cessioni di beni e da prestazioni di servizi che danno luogo a realizzo di ricavi. - Crediti derivanti da cessioni di azioni o quote non facenti parte delle immobilizzazioni finanziarie.	- Crediti derivanti da cessione di beni strumentali. - Crediti ceduti in factoring o scontati.

La deduzione non è più consentita quando l'ammontare complessivo di svalutazioni e accantonamenti raggiunge il 5% dei crediti risultanti in bilancio.

Le spese di rappresentanza

Sono le spese sostenute per promuovere l'immagine aziendale, organizzazione di manifestazioni, eventi, ricevimenti e omaggi di beni. Se distribuiti gratuitamente, tali beni sono integralmente deducibili nell'esercizio di sostenimento, purché il valore unitario non sia superiore a 50 euro.

Le spese di rappresentanza sono interamente deducibili nell'esercizio di sostenimento se rispondono ai requisiti di inerenza stabiliti con decreto ministeriale, anche in funzione della natura e della destinazione delle stesse.

I compensi agli amministratori

I compensi agli amministratori, corrisposti sotto forma di compenso fisso, sono deducibili nell'esercizio in cui sono corrisposti (secondo il criterio di cassa). I compensi corrisposti sotto forma di partecipazione agli utili sono deducibili anche se non imputati al Conto economico.

Gli interessi passivi e gli oneri assimilati

Gli interessi passivi e gli oneri assimilati sono deducibili in base alle seguenti regole:

- in ciascun periodo d'imposta, fino a concorrenza degli interessi attivi e proventi assimilati;
- per la parte eccedente gli interessi attivi e proventi assimilati, nel limite del 30% del risultato operativo lordo della gestione caratteristica;
- l'eventuale ulteriore eccedenza potrà essere dedotta dal reddito nei periodi d'imposta successivi.

C

Componenti positivi di reddito

Scheda 18

I ricavi

Ai fini della determinazione del reddito d'impresa, sono considerati ricavi:
- i corrispettivi della cessione di beni e della prestazione di servizi che costituiscono l'oggetto dell'attività produttiva;
- i corrispettivi della cessione di materie prime, sussidiarie, semilavorati e di altri beni mobili, con esclusione di quelli strumentali all'esercizio dell'attività d'impresa;
- i corrispettivi della vendita di strumenti finanziari non iscritti fra le immobilizzazioni finanziarie;
- le indennità conseguite a titolo di risarcimento;
- i contributi in denaro e in conto esercizio.

Le plusvalenze patrimoniali

Le plusvalenze derivano dalla cessione di beni che non costituiscono l'oggetto proprio dell'attività d'impresa (diversi da merci, prodotti finiti, semilavorati, materie prime e valori finanziari non immobilizzati), cioè di beni strumentali compresi fra le immobilizzazioni materiali e immateriali, di azioni, quote, obbligazioni e altri titoli compresi nelle immobilizzazioni finanziarie.

La **plusvalenza** è pari alla differenza (positiva) fra il corrispettivo conseguito dalla vendita e il costo non ammortizzato del bene ceduto.

La plusvalenza patrimoniale può scaturire da:
- cessione a titolo oneroso di beni patrimoniali;
- risarcimento a seguito di perdita o danneggiamento di beni patrimoniali;
- assegnazione di beni al consumo personale o familiare dell'imprenditore o dei soci, oppure destinati a finalità estranee all'esercizio dell'impresa.

La plusvalenza concorre a formare il reddito:
- per l'intero ammontare, nell'esercizio in cui si è realizzata;
- in quote costanti nell'esercizio in cui si è realizzata e nei successivi non oltre il quarto. L'opzione, da indicare nella dichiarazione dei redditi, è consentita se il bene ceduto è posseduto da almeno tre anni.

Nel caso di **cessione di partecipazioni** in imprese commerciali, l'eventuale plusvalenza realizzata concorre a formare il reddito imponibile nella misura del 5% (esenzione del 95%), purché:
- sia posseduta ininterrottamente per almeno 12 mesi precedenti alla cessione;
- sia classificata fra le immobilizzazioni finanziarie nel primo bilancio chiuso durante il possesso;
- sia relativa a una società con residenza fiscale in un Paese che non rientri in quelli con regime fiscale privilegiato (il cui sistema impositivo è sensibilmente inferiore rispetto a quello italiano).

Le sopravvenienze attive

Sono considerate **sopravvenienze attive**:
- i ricavi o proventi conseguiti a fronte di spese, perdite e oneri dedotti o di passività iscritte in bilancio in periodi precedenti (per esempio il recupero di un credito già considerato inesigibile, a seguito della conclusione della procedura di fallimento);
- i ricavi o proventi conseguiti per un ammontare superiore a quello che ha concorso a formare il reddito in precedenti esercizi (per esempio un risarcimento assicurativo liquidato in misura maggiore rispetto a quello considerato imponibile nei precedenti esercizi);
- la sopravvenuta insussistenza di spese, perdite, oneri dedotti o passività iscritte in bilancio in precedenti esercizi (per esempio il venir meno del presupposto di un accantonamento per spese future, precedentemente dedotto dal reddito d'impresa);
- le indennità conseguite a titolo di risarcimento per la perdita o il danneggiamento di beni che generano plusvalenze, qualora il risarcimento venga liquidato in un periodo d'imposta successivo a quello in cui si è verificato il danno (per esempio l'indennizzo, liquidato nell'anno $n+1$, per la distruzione di un macchinario avvenuta nell'anno n);
- le indennità corrisposte dai dipendenti in caso di recesso dal rapporto di lavoro senza preavviso;
- i proventi in denaro o in natura conseguiti a titolo di contributo o di liberalità.

I dividendi

I **dividendi** derivanti dalla partecipazione in società di capitali e di persone concorrono alla formazione del reddito imponibile in base ai seguenti criteri:
- se derivanti dalla partecipazione in società ed enti soggetti a Ires, in base al principio di cassa. Gli utili percepiti da società di capitali ed enti commerciali sono tassati per il 5% del loro ammontare;
- se derivanti dalla partecipazione in società di persone, indipendentemente dalla loro effettiva percezione, nell'esercizio in cui sono maturati e in proporzione alla quota di partecipazione.

I proventi immobiliari

I **proventi** derivanti da beni immobili, che non siano oggetto dell'attività propria dell'impresa né beni strumentali, sono imponibili per un ammontare determinato secondo il criterio dei redditi fondiari (rendita catastale rivalutata o canone di locazione ridotto delle spese sostenute dal locatore).

Contabilità analitica

Scheda 19

La **contabilità analitica** è un sistema contabile di controllo direzionale basato su confronti periodici fra dati previsionali e dati consuntivi.

Essa consente di determinare risultati economici e patrimoniali parziali nel corso dell'anno e quindi di disporre di un'informazione più completa rispetto a quella risultante dalla contabilità generale, che si limita a rilevare unicamente i risultati consuntivi a fine anno.

Le informazioni che derivano dalla contabilità analitica consentono di attuare precisi interventi per fronteggiare eventuali situazioni negative.

Lo sviluppo della contabilità analitica è la conseguenza di tre fenomeni:

Maggiore produttività d'impresa	con conseguente necessità di una sistematica attività di rilevazione ed elaborazione dei dati.
Maggiore dimensione dell'impresa	con conseguente decentramento dei poteri e delle responsabilità, che comporta la necessità di disporre di nuovi strumenti di controllo e di informazione.
Incremento dei fattori condizionanti l'attività d'impresa	con nuove esigenze da soddisfare soprattutto a livello informativo.

La principale funzione per cui nelle imprese viene introdotta la contabilità analitica è quella di rilevare i **costi di produzione**; le informazioni sui costi sostenuti nelle lavorazioni consentono di esprimere valutazioni più attendibili sui prodotti in corso di lavorazione e sui prezzi di vendita, mediante la scomposizione dei costi sostenuti.

La rilevazione in contabilità analitica ha per oggetto:
- i costi e i rendimenti dei fattori impiegati nel processo produttivo;
- i ricavi derivanti dalla cessione dei prodotti finiti;
- i risultati economici parziali delle varie fasi produttive.

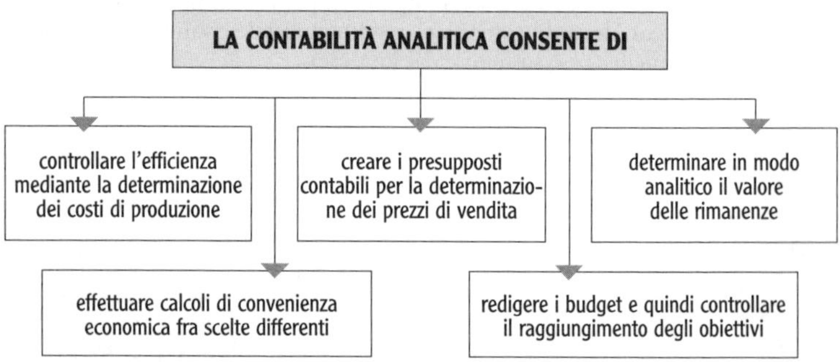

La contabilità analitica deve essere opportunamente collegata a quella generale mediante uno dei seguenti sistemi di gestione:

- **sistema unico contabile**, in cui si ha un unico piano dei conti, tenuto con il metodo della partita doppia;
- **sistema duplice contabile**, in cui la contabilità generale ha un piano dei conti classificato per natura, mentre la contabilità analitica ha un piano dei conti classificato per destinazione, entrambi tenuti con il metodo della partita doppia. I valori di costo e di ricavo sono prelevati dalla contabilità generale mediante appositi conti di collegamento; gli stessi valori sono poi riclassificati per destinazione mediante appositi conti di svolgimento;
- **sistema duplice misto**, in cui si ha una netta separazione fra la contabilità generale (tenuta con il metodo della partita doppia) e la contabilità analitica (gestita mediante prospetti e tabelle opportunamente integrati fra loro);
- **sistema amministrativo integrato**, in cui un database centrale raccoglie le informazioni necessarie a entrambe le contabilità. I dati confluiscono poi in un piano dei conti integrato composto da conti civilistici, gestionali e comuni.

PRINCIPALI DIFFERENZE TRA CONTABILITÀ GENERALE E ANALITICA

Contabilità generale	Contabilità analitica
È obbligatoria per legge.	È facoltativa.
Esamina fatti di gestione esterni.	Esamina fatti di gestione interni, riferiti all'impiego delle risorse nei processi produttivi.
Classifica i costi per natura.	Classifica i costi per destinazione.
Rileva dati consuntivi.	Rileva sia dati consuntivi sia preventivi.
Rileva i costi nel momento in cui essi divengono certi da un punto di vista documentale (per esempio: al momento del ricevimento della fattura).	Rileva i costi nel momento in cui i fattori produttivi vengono immessi nel relativo processo.

C

Conti correnti

Scheda 20

Il **conto corrente di corrispondenza** è un contratto atipico stipulato tra la banca e il cliente, attraverso il quale la banca si impegna a eseguire una serie di operazioni sulla base del mandato conferito dal correntista. Esso rappresenta quindi un deposito di denaro che il cliente effettua presso la banca e che quest'ultima si impegna a restituire su semplice richiesta del depositante.

FUNZIONI DEL CONTO CORRENTE	
Deposito di fondi	Il cliente versa le somme che ha a disposizione, beneficiando di un rendimento rappresentato dagli interessi attivi.
Utilizzo della moneta bancaria	Il cliente dispone dei fondi con gli strumenti forniti dalla banca (assegno bancario, ricevuta bancaria, bonifici, giroconti, carte di credito ecc.).
Finanziamento	La banca può consentire l'utilizzo di somme di denaro eccedenti la disponibilità fisica versata, mediante l'apertura di credito in conto corrente.
Fruizione di servizi	Servizi di pagamento e rilascio di carte di credito, bancomat e prepagate.

Le operazioni che possono essere effettuate su un conto corrente si distinguono in:
- **accreditamenti**, consistenti nell'aumento della disponibilità di denaro sul conto corrente. Qualora la banca non possa verificare immediatamente l'incasso effettivo delle somme depositate, l'importo viene in genere accreditato con la clausola "salvo buon fine"; i depositi saranno quindi disponibili solo dopo la verifica dell'effettivo incasso degli stessi;
- **addebitamenti**, comportanti una riduzione della disponibilità di denaro sul conto corrente.

Le operazioni di accreditamento

Danno luogo ad accreditamenti le seguenti movimentazioni:
- versamenti (depositi di denaro contante, assegni, vaglia);
- incasso di crediti (la banca s'impegna a riscuotere crediti per conto del cliente);
- bonifici in entrata (trasferimenti di fondi disposto da terzi);
- giroconti in entrata (possibili se il cliente è intestatario di più conti).

Le operazioni di addebitamento

Danno luogo ad addebitamenti le seguenti movimentazioni:
- prelevamenti allo sportello (effettuati con modulistica interna, distinte di prelievo, o con emissione di assegno bancario intestato al correntista);
- emissione di assegni bancari (mediante i quali il correntista ordina alla banca di effettuare un pagamento a favore di terzi);
- bonifici in uscita (trasferimenti di fondi a favore di terzi);
- giroconti in uscita (possibili se il cliente è intestatario di più conti);

- pagamenti di deleghe fiscali (la banca riveste il ruolo di esattore per conto dello Stato, degli enti locali, previdenziali e assistenziali);
- pagamenti delle utenze (effettuati mediante la domiciliazione delle fatture emesse dalle aziende erogatrici di servizi di utenza);
- rapporti interbancari diretti (addebito detto Sepa: Single Euro Payments Area).

Gli aspetti tecnici del conto corrente di corrispondenza

L'**apertura** del conto corrente avviene mediante la sottoscrizione del contratto standardizzato proposto dalla banca, la quale richiede al cliente il deposito della propria firma (*specimen*), al fine di consentire riscontri successivi durante la vigenza del rapporto di conto corrente.

Il conto può essere intestato a un solo o a più soggetti; in quest'ultimo caso si hanno due tipologie di conto corrente:
- **a firme disgiunte**, quando ciascun intestatario può disporre liberamente, in ogni momento, delle somme disponibili;
- **a firme congiunte**, quando ogni operazione deve essere sottoscritta da tutti i cointestatari.

Ogni conto corrente è identificato attraverso le **coordinate bancarie** nel formato **IBAN** (*International Bank Account Number*) e precisamente:
- codice paese: IT (Italia);
- codice CIN1: codice di controllo composto da due cifre numeriche;
- codice CIN2: codice di controllo composto da un solo carattere alfabetico;
- codice ABI: identifica la banca domiciliataria del conto ed è composto da cinque cifre;
- codice CAB: identifica lo sportello presso il quale il cliente ha aperto il conto ed è composto da cinque cifre;
- numero di conto corrente: composto da dodici cifre.

ALTRE NOZIONI TECNICHE RIGUARDANTI IL CONTO CORRENTE DI CORRISPONDENZA	
Saldo contabile	Somma algebrica di tutte le operazioni effettuate sul conto, a prescindere dalla valuta.
Saldo liquido	Somma algebrica delle operazioni già maturate, senza considerare quelle che hanno una valuta successiva alla data di riferimento.
Saldo disponibile	Somma delle operazioni con esito certo.
Tasso creditore	Tasso applicato sui saldi temporali attivi.
Tasso debitore	Tasso applicato sui saldi temporali passivi, in caso di affidamento.
Commissione di massimo scoperto o similari	Commissione percentuale applicata dalla banca sul massimo saldo debitore del periodo considerato, solo se il debito dura per almeno 30 giorni consecutivi.
Estratto conto	Prospetto periodico mensile o trimestrale costituito dall'insieme delle operazioni che originano accreditamenti e addebitamenti sul conto corrente.

Conto economico: contenuto delle voci

Scheda 21

A) Valore della produzione

1) ricavi delle vendite e delle prestazioni	Ricavi derivanti dall'attività ordinaria e caratteristica, indicati al netto di resi, sconti, abbuoni.
2) variazione delle rimanenze dei prodotti in corso di lavorazione, semilavorati e finiti	Differenza algebrica tra il valore delle esistenze iniziali e quello delle rimanenze finali.
3) variazioni dei lavori in corso su ordinazione	Differenza algebrica tra il valore delle esistenze iniziali e quello delle rimanenze finali.
4) incrementi di immobilizzazioni per lavori interni	Costi patrimonializzati nell'esercizio, sostenuti per la realizzazione in economia di immobilizzazioni immateriali e materiali.
5) altri ricavi e proventi con separata indicazione nei contributi in conto esercizio	Voce residuale nella quale vanno compresi i ricavi e i proventi diversi da quelli della gestione caratteristica, ossia quelli rientranti nella gestione cosiddetta accessoria (per esempio, fitti attivi).

B) Costi della produzione

6) per materie prime, sussidiarie, di consumo e di merci	Costi sostenuti per l'acquisto di beni destinati all'impiego nel processo produttivo industriale o direttamente alla commercializzazione commercializzazione, al netto di sconti, abbuoni, ribassi.
7) per servizi	Comprende tutti quei costi sostenuti per l'acquisto di servizi connessi all'attività ordinaria (spese postali e telefoniche, trasporti, assicurazioni, pubblicità, compensi a professionisti, manutenzioni e riparazioni ecc.).
8) per godimento beni di terzi	Costi sostenuti per il godimento di beni materiali e immateriali non di proprietà dell'azienda, destinati all'esercizio dell'impresa (canoni di locazione, corrispettivi per l'utilizzo di brevetti, marchi, software e simili).
9) per il personale	Voce nella quale sono compresi tutti i costi relativi al personale dipendente, suddivisi in salari e stipendi, oneri sociali a carico del datore di lavoro, trattamento di fine rapporto, trattamento di quiescenza e simili, altri costi.
10) ammortamenti e svalutazioni	Voce nella quale vanno incluse, oltre alle quote di ammortamento, le svalutazioni delle immobilizzazioni immateriali e materiali. Vi rientra anche la svalutazione dei crediti compresi nell'attivo circolante e nelle disponibilità liquide (per esempio, svalutazione di valute estere, a fronte di rischi di inesigibilità).
11) variazione delle rimanenze di materie prime, sussidiarie, di consumo e merci	Differenza algebrica tra il valore delle esistenze iniziali e quello delle rimanenze finali.

12) accantonamenti per rischi	Si riferisce a rischi penali su forniture, per cause in corso, per garanzie non ordinarie su prodotti.
13) altri accantonamenti	Si riferisce a oneri futuri, per manutenzioni cicliche, per garanzia ordinaria su prodotti, per operazioni a premio.
14) oneri diversi di gestione	Comprende i costi diversi da quelli di cui ai precedenti punti, sempre inerenti la gestione ordinaria (per esempio, oneri derivanti dalla gestione di beni immobili o altri beni di natura patrimoniale posseduti a titolo di investimento, sopravvenienze e insussistenze passive ordinarie).

C) Proventi e oneri finanziari

15) proventi da partecipazioni	Si tratta dei dividendi percepiti, al lordo delle ritenute subite, e degli altri proventi da partecipazioni, quali le plusvalenze derivanti dalla cessione delle partecipazioni, escluse quelle di natura straordinaria.
16) altri proventi finanziari	Sono compresi in questa voce gli interessi attivi e altri proventi finanziari, suddivisi nei seguenti gruppi: a. proventi da crediti iscritti nelle immobilizzazioni finanziarie (per esempio, interessi da finanziamenti duraturi); b. proventi da titoli iscritti nelle immobilizzazioni che non costituiscono partecipazioni (per esempio, interessi da titoli dello Stato); c. proventi da titoli iscritti nell'attivo circolante (per esempio, interessi e utili da negoziazione su titoli di Stato a breve, obbligazioni); d. proventi diversi (per esempio, interessi da banche, di mora da clienti).
17) interessi e altri oneri finanziari	Voce in cui devono essere inclusi tutti gli interessi e gli oneri di natura finanziaria (per esempio, interessi passivi a banche, ad altri finanziatori, a fornitori, perdite su titoli, minusvalenze su cessione di partecipazioni).
17 *bis*) utili e perdite su cambi	Oltre agli utili e alle perdite derivate da pagamenti e riscossioni effettuati in valuta, sono compresi gli accantonamenti al fondo rischi su cambi.

D) Rettifiche di valore di attività finanziarie

Le rettifiche di valore possono riguardare le partecipazioni immobilizzate, altre immobilizzazioni finanziarie o titoli iscritti nell'attivo circolante, e si suddividono in rivalutazioni e svalutazioni.

Al rigo 20) **Imposte sul reddito dell'esercizio, correnti, differite, anticipate**, vanno inserite le imposte sul reddito dell'esercizio corrente, quelle differite (con segno positivo) e quelle anticipate (con segno negativo).

Al rigo 21) **Utile (perdite) dell'esercizio.**

C

Conto economico: la struttura

Scheda 22

Il Conto economico ha lo scopo di dimostrare attraverso quali costi e quali componenti negativi e positivi si è formato il risultato economico dell'esercizio.

La **forma scalare** (o progressiva) prevista dal c.c. consente di:
- rilevare alcuni risultati intermedi significativi, utili per una migliore analisi e interpretazione dei valori, ottenuti raggruppando voci di contenuto omogeneo;
- evidenziare alcune aree gestionali omogenee.

Il Conto economico civilistico, a scalare, è così strutturato:
- i costi e i ricavi sono suddivisi in cinque gruppi (lettere maiuscole dell'alfabeto);
- ciascun raggruppamento si suddivide poi in voci di ricavi o di costi (numeri arabi);
- alcune voci di ricavi o di costi si suddividono a loro volta in sottovoci di ricavi o di costi, contrassegnate con una lettera dell'alfabeto minuscola.

A) Valore della produzione
1) ricavi delle vendite e delle prestazioni
2) variazioni delle rimanenze di prodotti in corso di lavorazione, semilavorati e finiti
3) variazioni dei lavori in corso su ordinazione
4) incrementi di immobilizzazioni per lavori interni
5) altri ricavi e proventi, con separata indicazione dei contributi in conto esercizio

B) Costi della produzione
6) per materie prime: sussidiarie, di consumo e di merci
7) per servizi
8) per godimento di beni di terzi
9) per il personale:
   a) salari e stipendi
   b) oneri sociali
   c) trattamento di fine rapporto
   d) trattamento di quiescenza e simili
   e) altri costi
10) ammortamenti e svalutazioni:
   a) ammortamento delle immobilizzazioni immateriali
   b) ammortamento delle immobilizzazioni materiali
   c) altre svalutazioni delle immobilizzazioni
   d) svalutazioni dei crediti compresi nell'attivo circolante e delle disponibilità liquide
11) variazioni delle rimanenze di materie prime, sussidiarie, di consumo e merci
12) accantonamenti per rischi
13) altri accantonamenti
14) oneri diversi di gestione

segue

C) Proventi e oneri finanziari

15) proventi da partecipazioni, con separata indicazione di quelli relativi a imprese controllate e collegate

16) altri proventi finanziari:
   a) da crediti iscritti nelle immobilizzazioni, con separata indicazione di quelli da imprese controllare e collegate e di quelli da controllanti
   b) da titoli iscritti nelle immobilizzazioni che non costituiscono partecipazioni
   c) da titoli iscritti nell'attivo circolante che non costituiscono partecipazioni
   d) proventi diversi dai precedenti, con separata indicazione di quelli da imprese controllate e collegate e di quelli da controllanti

17) interessi e altri oneri finanziari, con separata indicazione di quelli verso imprese controllate e collegate e verso controllanti

17-*bis)* utili e perdite su cambi

D) Rettifiche di valore delle attività finanziarie

18) rivalutazioni:
   a) di partecipazioni
   b) di immobilizzazioni finanziarie che non costituiscono partecipazioni
   c) di titoli iscritti all'attivo circolante che non costituiscono partecipazioni

19) svalutazioni:
   a) di partecipazioni
   b) di immobilizzazioni finanziarie che non costituiscono partecipazioni
   c) di titoli iscritti all'attivo circolante che non costituiscono partecipazioni

20) imposte sul reddito dell'esercizio, correnti, differite e anticipate

21) utile (perdite) dell'esercizio

La forma scalare, consente l'evidenziazione di tre aree gestionali:

- **area della gestione produttiva**, che comprende costi e ricavi relativi alla gestione caratteristica o tipica e alla gestione accessoria;
- **area della gestione finanziaria**, che comprende proventi e oneri, da plusvalenze e minusvalenze, da svalutazioni e rivalutazioni di origine finanziaria o originati da rettifiche di valori di attività finanziarie;
- **area della gestione straordinaria**, il cui risultato scaturisce dalla differenza tra proventi e oneri di natura straordinaria.

I risultati evidenziati dalla forma scalare del Conto economico sono i seguenti:

Differenza tra valore e costi della produzione (A – B)	Dovrebbe rappresentare il risultato della gestione produttiva (caratteristica e accessoria).
Risultato prima delle imposte	È il risultato economico dell'esercizio al lordo delle imposte sul reddito.
Utile o perdita dell'esercizio	È il risultato finale.

C

Controllo legale dei conti

Scheda 23

Che cos'è il controllo dei conti

I dati contabili inseriti dagli organi amministrativi nei bilanci d'esercizio vengono sottoposti a controllo, per ridurre il rischio che possano rivelarsi inattendibili a causa di carenze nella gestione della contabilità o di comportamenti fraudolenti.

Il **controllo legale dei conti** consiste nell'attività svolta da soggetti indipendenti, professionalmente qualificati, allo scopo di verificare la completezza e la correttezza dei dati contabili.

Il controllo consiste in una serie di operazioni, quali:
- la valutazione periodica dell'idoneità del sistema amministrativo e contabile rispetto all'ampiezza e alla complessità delle rilevazioni che esso è chiamato a effettuare;
- l'accertamento periodico della regolare tenuta della contabilità e della corretta rilevazione dei fatti di gestione;
- la verifica della corrispondenza tra le risultanze della contabilità e i dati riportati nei documenti di sintesi;
- la verifica del rispetto delle norme nella redazione dei documenti di sintesi;
- la stesura di relazioni e comunicazioni relativamente ai controlli effettuati.

Chi effettua il controllo legale dei conti

Il controllo legale dei conti è affidato a soggetti che:
- sono indipendenti rispetto al soggetto economico dell'azienda, al fine di evitare condizionamenti e garantire imparzialità di giudizio;
- sono professionalmente qualificati in relazione alla complessità tecnica dei controlli da eseguire.

SOGGETTI SOTTOPOSTI AL CONTROLLO	SOGGETTI INCARICATI DEL CONTROLLO
Società di capitali non quotate	Collegio sindacale, i cui membri sono scelti: - almeno uno effettivo e uno supplente tra gli iscritti nel registro dei revisori contabili istituito presso il ministero della Giustizia; - i restanti, se non iscritti in tale registro, fra gli iscritti negli albi professionali o fra i professori universitari in materie economiche o giuridiche.
Società di capitali quotate	Società di revisione, iscritte a un albo speciale tenuto dalla Consob.

Il **collegio sindacale**, composto da un solo membro (possibilità prevista per tutte le Srl e per la Spa con ricavi o patrimono netto inferiore a un milione di euro), oppure da tre o cinque membri effettivi di cui un presidente, resta in carica per tre esercizi e viene nominato dall'assemblea dei soci, che fissa anche l'ammontare dei compensi. Oltre ai sindaci effettivi vengono nominati anche due sindaci supplenti che subentrano ai sindaci effettivi se questi lasciano l'incarico.

L'obbligo di istituire il collegio sindacale non sussiste infine per le società di capitali:
- costituite nella forma di società a responsabilità limitata;
- che possono presentare il bilancio in forma abbreviata in quanto non superano i limiti dimensionali stabiliti al riguardo.

La **società di revisione** viene incaricata dall'assemblea dei soci, che ne determina il compenso, sentito il parere del collegio sindacale.

La durata dell'incarico è di tre esercizi e non può essere rinnovato più di due volte. La delibera assembleare di conferimento dell'incarico viene trasmessa alla Consob, che può anche provvedere di propria iniziativa ad affidare l'incarico di revisione, qualora la società non adotti la necessaria delibera entro 60 giorni dal momento in cui sorge l'obbligo della revisione o da quello in cui la società di revisione cessa l'incarico.

La relazione sul bilancio

Coloro che effettuano il controllo legale dei conti sono tenuti a redigere delle relazioni relativamente agli esiti dei controlli effettuati: la più rilevante è quella che ha per oggetto i controlli sul bilancio d'esercizio.

Quest'ultima è indirizzata all'assemblea dei soci che approva il bilancio e contiene:
- l'attestazione del controllo amministrativo e contabile;
- il riferimento alle norme e ai principi contabili applicati nel controllo;
- le osservazioni su eventuali deroghe alle disposizioni di legge poste in essere dall'organo amministrativo nella redazione del bilancio;
- il parere sull'iscrizione nell'attivo dello Stato patrimoniale dei costi di impianto e d'ampliamento, di ricerca, sviluppo e pubblicità e di avviamento;
- l'eventuale segnalazione di significative eccezioni alla correttezza del bilancio;
- il giudizio complessivo sulla correttezza del bilancio, con il conseguente parere alla sua approvazione e alle proposte relative al risultato d'esercizio.

La relazione della società di revisione fa riferimento ai principi di revisione utilizzati, e contiene il giudizio professionale sull'attendibilità in relazione alle norme che lo disciplinano.

Giudizio positivo senza rilievi	Il bilancio è conforme alle norme che ne disciplinano la redazione.
Giudizio positivo con rilevi	Il bilancio, pur difforme rispetto alle norme che ne disciplinano la redazione, è giudicato complessivamente attendibile.
Giudizio negativo	Il bilancio non è complessivamente attendibile oppure la società di revisione dichiara di trovarsi nell'impossibilità di esprimere un giudizio, a causa di impedimenti allo svolgimento dell'attività di revisione.

In caso di giudizio positivo, i singoli soci sono privati del diritto di chiedere al tribunale l'annullamento della delibera di approvazione del bilancio; per esercitare tale diritto è necessario che la richiesta al tribunale sia fatta da un numero di azionisti che rappresenti, complessivamente, almeno il 5% del capitale sociale.

C

Costi: le varie tipologie

Scheda 24

Costi variabili e costi fissi

Il parametro a cui riferire la variabilità del costo è generalmente la quantità prodotta (*driver*).

I **costi variabili** si definiscono così perché la loro entità varia in proporzione al volume di produzione, ossia delle unità prodotte (per esempio il costo delle materie prime impiegate per la realizzazione di un certo prodotto).

I **costi fissi** sono indipendenti dai volumi di produzione e restano immutati alle variazioni dei volumi stessi (per esempio l'affitto dei locali in cui si svolge il processo produttivo).

La distinzione tra costi fissi e costi variabili è legata al livello di capacità produttiva dell'impresa. Con riferimento al costo di un macchinario, per esempio, esso rimane costante finché la produzione rimane al disotto del livello iniziale di massima capacità produttiva. Se aumenta la domanda sul mercato e l'impresa si dota di un nuovo macchinario, i costi fissi aumentano e divengono variabili in relazione al nuovo livello di capacità produttiva.

Costi diretti e costi indiretti

I **costi diretti** sono imputabili all'oggetto di costo in modo diretto e inequivocabile, secondo criteri di esclusività (per esempio il costo relativo al consumo di una materia specifica acquisita per la realizzazione di un prodotto).

I **costi indiretti** sono ripartiti fra i vari oggetti di costo secondo criteri di comunanza e sulla base di opportune basi di riparto (per esempio i costi relativi alla gestione amministrativa rispetto ai reparti di produzione).

Costi specifici e costi comuni

I **costi specifici** sono imputabili direttamente o esclusivamente a un oggetto di costo (per esempio il costo delle materie impiegate nella lavorazione e della manodopera necessaria per portarla a termine).

I **costi comuni** sono riferiti a più oggetti di costo e non sono imputabili direttamente a ognuno di essi. Sono ripartiti tra i vari centri di costo o prodotti attraverso diversi metodi, che si fondano su un coefficiente di ripartizione.

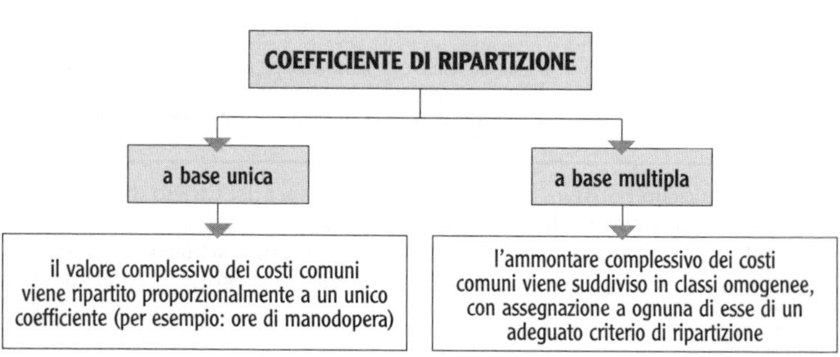

Costi effettivi e costi standard

I **costi effettivi** vengono rilevati sia a preventivo sia a consuntivo e sono riferiti alle reali condizioni di svolgimento dei processi produttivi.

I **costi standard**, rilevati solo a preventivo, sono riferiti a ipotetiche e ben precise condizioni di svolgimento dei processi produttivi.

Gli standard possono essere dati tecnici relativamente esatti, oppure stime contabili basate sulle rilevazioni storiche dei risultati passati, modificate in relazione ai cambiamenti noti e prevedibile.

Gli standard variano in relazione alle ipotesi poste alla base della loro determinazione.

Standard di base	Sono mantenuti fissi per lunghi periodi di tempo; ciò consente di confrontare, per esempio, l'andamento dei costi effettivi nel lungo periodo e monitorare i trend di efficienza.
Standard ideali	Sono determinati sulla base di ipotesi di rendimento ottimale dei fattori produttivi.
Standard attesi	Sono utilizzati per incentivare le prestazioni del personale al fine di raggiungere i risultati attesi.

La contabilità analitica impostata su valori standard diviene un valido strumento di controllo di gestione; attraverso la fissazione dei costi standard è possibile individuare l'obiettivo da raggiungere con i mezzi a disposizione.

Costi consuntivi e preventivi

Nell'ambito dell'attività di programmazione e controllo, i costi possono essere distinti in preventivi e consuntivi, a seconda del momento della loro rilevazione.

Un **costo preventivo** si riferisce a processi produttivi che non sono stati ancora avviati, mentre un **costo consuntivo** si riferisce a processi produttivi già ultimati.

Questa distinzione consente di confrontare i valori determinati preventivamente (in sede di programmazione) con i costi sostenuti realmente per effetto delle operazioni di gestione.

Il monitoraggio dei costi ai fini del controllo di gestione costituisce dunque un valido strumento di supporto informativo al processo decisionale. A tal fine si possono distinguere in costi eliminabili, ineliminabili e differenziali.

Costi eliminabili	Differiscono tra varie alternative di scelta e influiscono sul risultato finale del calcolo economico al fine di esprimere un giudizio di convenienza.
Costi ineliminabili	Sono presenti nelle varie alternative di azione e sono ininfluenti sul risultato dell'analisi.
Costi differenziali	Sono ottenuti dalla differenza tra i costi presenti nelle diverse alternative, adottandone una come base.

C

Criteri di valutazione delle poste di bilancio

Scheda 25

L'analisi del patrimonio dal punto di vista quantitativo comporta la distinzione tra attività (impieghi) e passività (fonti di finanziamento).

Gli elementi attivi e passivi del patrimonio oggetto di valutazione si dividono in:

- **valori finanziari**, espressi in termini monetari (denaro contante, assegni, cambiali, crediti e debiti);
- **valori economici**, non espressi in termini monetari, quindi oggetto di valutazione.

Per ogni elemento attivo o passivo del patrimonio possono essere applicati più criteri di valutazione, in funzione dello scopo per cui tale valutazione è condotta e del periodo in cui viene effettuata.

La valutazione dei valori finanziari

I **criteri di valutazione** dei valori finanziari possono essere così sintetizzati:

- *valore nominale* (solo per i valori finanziari certi);
- *valore presumibile di realizzazione*, consistente nell'applicazione di una certa percentuale di svalutazione al valore nominale (per tutti i crediti, in particolare commerciali);
- *valore presumibile di estinzione*, applicato per alcuni debiti per i quali è previsto un aumento dell'ammontare per interessi o una diminuzione per sconti e abbuoni.

VALORI FINANZIARI	
Certi	Denaro, valori bollati, monete estere, assegni circolari ecc. Il relativo valore è facilmente determinabile in quanto scritto sul titolo stesso (valore nominale).
Assimilati	Assegni bancari, cambiali, crediti e debiti commerciali, detti *assimilati* in quanto mezzi sostitutivi della moneta. L'ammontare è facilmente determinabile in quanto scritto sul titolo o sul documento stesso (valore nominale). Incerti sono riscossione o pagamento, successivi alla loro emissione.
Presunti	La definizione dell'importo è incerta. Rientrano in questa categoria: - crediti e debiti in valuta estera, valutati in base al cambio giornaliero; - crediti e debiti originati da operazioni ancora da perfezionare o già eseguite, ma ancora da liquidare (fatture da emettere o da ricevere, debito verso dipendenti per Tfr); - ratei attivi e passivi relativi a spese o proventi non ancora liquidati, la cui uscita o entrata monetaria avverrà nell'esercizio successivo rispetto al momento in cui viene determinato il patrimonio netto aziendale; - fondi per rischi e oneri, accantonati per far fronte a uscite future di cui è certo solo il verificarsi, ma non il momento e l'ammontare (fondo manutenzioni e riparazioni, fondo imposte).

La valutazione dei valori economici

Il punto di riferimento più frequente per la valutazione dei valori economici è il **costo d'acquisto** o costo storico, ovvero il costo sostenuto al momento dell'acquisto adeguatamente aumentato (se il bene si è rivalutato) o diminuito (se il bene si è deteriorato o svalutato a seguito del suo utilizzo).

Gli elementi da prendere in considerazione nella valutazione sono:
- il costo d'acquisto comprensivo degli oneri di diretta imputazione (spese d'installazione, modificazione o collaudo);
- il grado di utilizzo del bene (riduzione della sua funzionalità);
- la residua possibilità di utilizzazione del bene.

Il criterio di valutazione da applicare alle **immobilizzazioni materiali o immateriali** è:
- il costo d'acquisto;
- il costo d'acquisto rivalutato, in genere applicando una certa percentuale. Questo procedimento di rivalutazione del bene si applica in base a leggi speciali, che si propongono di allineare il costo di certi beni al valore di mercato in periodi di svalutazione della moneta.

Il criterio di valutazione da applicare alle **immobilizzazioni finanziarie** corrisponde in genere al costo d'acquisto o, nel caso si tratti di azioni o quote di società, a un valore che tenga conto del patrimonio dell'azienda alla quale le azioni o quote si riferiscono (criterio del patrimonio netto).

I criteri di valutazione da applicare alle **rimanenze**, ossia ai beni destinati alla vendita (merci, prodotti e simili) o alla lavorazione (materie prime, materie sussidiarie e altri materiali) sono esposti nella seguente tabella.

Costo d'acquisto o costo di produzione	Si tratta di due criteri alternativi a seconda del tipo di rimanenze: • nelle imprese mercantili si hanno le merci e gli imballaggi: si considera il costo sostenuto per l'acquisto dei beni aumentato delle spese direttamente imputabili (trasporto, assicurazione del trasporto, carico e scarico, provvigioni). Nel caso in cui le merci derivino da partite diverse, acquistate a costi diversi, il costo di acquisto si individua determinando la media dei vari prezzi; • nelle imprese industriali si hanno due tipi di rimanenze: - beni destinati alla lavorazione (materie prime, sussidiarie e altri materiali), per i quali si utilizza il costo d'acquisto; - prodotti finiti, sottoprodotti, semilavorati e simili, per i quali si utilizza il costo di produzione (accumulo dei costi sostenuti per produrre tali beni).
Valore di realizzazione desumibile dall'andamento del mercato	Applicabile qualora vi siano ragionevoli possibilità che il prezzo delle merci, prodotti o materiali subisca una variazione sul mercato. Tale criterio, alternativo al costo d'acquisto o di produzione, può essere utilizzato dal punto di vista civilistico solo se il valore di realizzazione è inferiore al costo d'acquisto.

D

Depositi

Scheda 26

I depositi a risparmio

I depositi a risparmio sono operazioni di raccolta con cui la banca acquista la proprietà di una certa somma di denaro obbligandosi a restituire la stessa, oltre agli interessi maturati.

Essi sono comprovati da un documento, definito **libretto di deposito** e consegnato al depositante, sul quale vengono riportate tutte le operazioni di versamento e di prelevamento nel momento in cui vengono effettuate. La restituzione delle somme depositate può avvenire alla scadenza del termine pattuito o su richiesta del depositante, in una o più soluzioni.

TIPI DI DEPOSITI A RISPARMIO

Liberi	Le somme sono restituibili in qualsiasi momento, salvo un eventuale preavviso.
Vincolati	Le somme sono ritirabili solo alla scadenza del termine convenuto. A tale vincolo corrisponde una remunerazione più elevata.
Nominativi	Hanno un elevato grado di sicurezza: l'unico soggetto legittimato a operarvi è quello indicato sul libretto (oltre a eredi o legittimi rappresentanti). I versamenti, accreditati con la clausola "salvo buon fine" possono essere: denaro contante, assegni bancari o circolari, accrediti di stipendi, pensioni o altri redditi percepiti dal titolare.
Al portatore	Hanno un elevato grado di rischio: sono veri e propri titoli di credito trasferibili mediante la semplice consegna del documento. La banca eroga le somme e non è tenuta ad accertare la legittimità del possesso del documento. Oggi poco utilizzati, possono essere alimentati in via esclusiva presentando il libretto allo sportello con versamenti in contanti o valori assimilati.

I certificati di deposito

I certificati di deposito sono titoli negoziabili emessi dalle banche per raccogliere risorse finanziarie da restituire alla scadenza vincolata. Il risparmiatore deposita presso la banca una determinata somma di denaro ricevendo in cambio un titolo rappresentativo del prestito effettuato.

Da un punto di vista giuridico si tratta di una fattispecie di deposito semplice, caratterizzato da un unico versamento iniziale e da un unico prelevamento successivo al momento del rimborso.

Il rimborso anticipato si può ottenere rivolgendosi al mercato secondario e cercando un investitore che acquisti il titolo e lo conservi fino alla scadenza; in tal caso l'importo rimborsato varierà in base alla dinamica dei tassi d'interesse. In base alla periodicità dell'emissione, i certificati di deposito si suddividono in **a breve** (da 6 a 18 mesi) e **a medio-lungo termine** (da 18 a 60 mesi).

TIPI DI CERTIFICATI IN BASE AL RENDIMENTO OFFERTO	
A tasso fisso	Tasso d'interesse costante per tutta la durata del vincolo. Cedole con cadenza semestrale o annuale e importo corrisposto predeterminato.
A tasso variabile	Tasso d'interesse variabile in base ai parametri fissati nel tempo dalla banca. Cedola in genere semestrale, con tasso indicizzato a un parametro sottostante.
Zero coupon	Interessi riconosciuti al termine del periodo di vincolo, senza cedole periodiche. Alla scadenza del certificato viene restituito il capitale depositato unitamente agli interessi maturati.

Le obbligazioni bancarie

Le obbligazioni bancarie sono titoli di credito emessi dalle banche per raccogliere risparmi a medio e lungo termine.

TIPI DI OBBLIGAZIONI BANCARIE	
Con caratteristiche di mercato	- Emesse per un importo complessivo non inferiore a 150 milioni di euro. - Dotate dei requisiti per essere ammesse ai mercati regolamentati. - Emesse da banche dotate di requisiti ben precisi in termini di patrimonio di vigilanza, utili di bilancio e revisione del bilancio.
Senza caratteristiche di mercato	Prive dei requisiti necessari per la quotazione e negoziazione sui mercati regolamentati.

I pronti contro termine

I pronti contro termine sono operazioni di raccolta in cui una parte vende all'altra una certa quantità di titoli o valori *(operazione a pronti)* con contestuale riacquisto della stessa quantità a una data prestabilita *(operazione a termine)*, a un prezzo prefissato in partenza.

Il contratto pronti contro termine si caratterizza per:
- fissazione del prezzo a pronti e di quello a termine;
- stipulazione di un duplice contratto di compravendita di titoli;
- inquadramento doppio a seconda del soggetto che effettua l'operazione: **finanziamento** per chi vende a pronti e riacquista a termine; **investimento** per chi acquista a pronti e rivende a termine.

Il valore dell'operazione viene determinato in base al differenziale del tasso d'interesse, che può essere inferiore o superiore al tasso d'interesse del titolo scambiato; se è superiore, viene riconosciuto un differenziale sul prezzo secco a termine.

Il guadagno dell'operazione è la differenza tra il prezzo a termine e il prezzo a pronti dei titoli.

D

Dichiarazioni fiscali e versamenti

Scheda 27

Gli aspetti generali e i termini di presentazione

La **dichiarazione** è lo strumento con cui ogni contribuente comunica la propria posizione fiscale all'amministrazione finanziaria.

È obbligatoria per tutti i soggetti percettori di redditi imponibili e si presenta compilando il **modello unico**, valido ai fini Irpef e Ires e conforme a quello approvato dal ministero.

La dichiarazione Irap deve essere presentata separatamente dal modello unico. La trasmissione deve essere effettuata in via telematica all'Agenzia delle entrate, che provvede allo smistamento alla Regione nella quale il contribuente ha il proprio domicilio fiscale. In particolare:
- le persone fisiche obbligate a tenere scritture contabili devono presentare la dichiarazione a prescindere dalla percezione di redditi;
- le persone fisiche non obbligate a tenere scritture contabili, salvo casi di esonero, sono tenute a presentare la dichiarazione solo se hanno conseguito redditi;
- le società di capitali, come soggetti Ires obbligati a tenere scritture contabili, devono presentare la dichiarazione anche qualora non scaturisca alcun debito d'imposta.

SOGGETTI TITOLARI DI REDDITI D'IMPRESA: QUADRI PIÙ SIGNIFICATIVI NELLA DICHIARAZIONE	
RF	Determinazione del reddito d'impresa per soggetti in contabilità ordinaria.
RG	Determinazione del reddito d'impresa per soggetti in contabilità semplificata (persone fisiche o società di persone).
RN	Determinazione dell'imposta Irpef o Ires.

La dichiarazione dei redditi dei soggetti Ires deve essere presentata esclusivamente in via telematica entro l'ultimo giorno del nono mese successivo a quello di chiusura del periodo d'imposta, a prescindere dalla data di approvazione del bilancio.

Per i soggetti il cui esercizio coincide con l'anno solare, quindi, il termine di presentazione è fissato al 30 settembre di ogni anno.

La sottoscrizione e la conservazione

La dichiarazione deve essere sottoscritta, pena la nullità, dal rappresentante legale della società e da coloro che effettuano il controllo contabile. I termini di conservazione previsti dalla normativa fiscale coincidono con quelli di prescrizione, ai fini dell'accertamento, dell'anno a cui si riferisce la dichiarazione (ossia entro il 31 dicembre del quarto anno successivo alla presentazione).

I versamenti

I versamenti ai fini Ires e Irap vengono effettuati in acconto o a saldo.
L'**acconto** deve essere versato in due rate:

- la prima (40% dell'acconto complessivo) deve essere versata unitamente al saldo dovuto in base alla dichiarazione relativa al periodo d'imposta precedente, quindi entro il 30 giugno di ogni anno;
- la seconda (60% dell'acconto complessivo) deve essere versata entro l'ultimo giorno dell'undicesimo mese del periodo d'imposta di riferimento; quindi, per i soggetti con periodo d'imposta coincidente con l'anno solare, entro il 30 novembre di ogni anno.

Se l'importo della prima rata è inferiore a 103 euro, l'acconto deve essere versato in un'unica soluzione entro il termine previsto per la seconda rata.

Il **saldo** deve essere versato entro il giorno 30 del sesto mese successivo a quello di chiusura del periodo d'imposta (30 giugno se quest'ultimo coincide con l'anno solare). È prevista la possibilità di prorogare il termine di 30 giorni applicando una maggiorazione dello 0,40% a titolo di interesse.

I versamenti dovuti a titolo di saldo e primo acconto possono essere infine rateizzati applicando una maggiorazione dello 0,50% mensile. Il numero delle rate, è scelto dal contribuente, purché il pagamento sia completato entro l'undicesimo mese dell'esercizio a cui si riferisce l'imposta (30 novembre di ogni anno).

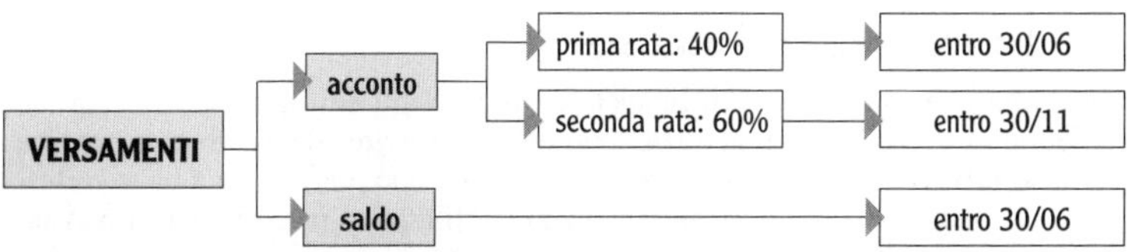

Le compensazioni

La **compensazione** è una forma di pagamento che consente ai contribuenti di utilizzare i crediti vantati nei confronti dell'erario, per il pagamento dei propri debiti.

Esistono due tipi di compensazione:

- **verticale**, che riguarda crediti e debiti relativi alla stessa imposta;
- **orizzontale**, che riguarda crediti e debiti relativi a imposte diverse e contributi.

La compensazione si effettua presentando il modello F24 in cui vanno evidenziati in colonne separate gli importi da pagare e quelli a credito, opportunamente distinti da singoli codici tributo.

D

Documenti che accompagnano il bilancio

Scheda 28

La relazione sulla gestione

La relazione sulla gestione viene redatta dagli amministratori per fornire ulteriori informazioni sulle scelte fatte e sulle prospettive generali riguardo l'andamento dell'impresa, illustrando in particolare:

- le attività di ricerca e di sviluppo e la loro concretizzazione in processi produttivi;
- i rapporti diretti con le imprese controllate, collegate e controllanti, e i rapporti indiretti con le imprese sottoposte al controllo di queste ultime;
- il numero e il valore nominale sia delle azioni proprie sia delle azioni o quote di società controllanti possedute dall'impresa, anche tramite società fiduciaria o per interposta persona, con l'indicazione della parte di capitale corrispondente, nonché gli acquisti e le cessioni delle medesime effettuate nel corso dell'esercizio;
- l'evoluzione prevedibile della gestione, quindi le attese future, sulla base delle strategie scelte, della programmazione e della pianificazione aziendale.

L'art. 2428 c.c. prevede inoltre, per gli amministratori delle **società quotate in Borsa**, l'obbligo di trasmettere al collegio sindacale, entro tre mesi dalla fine del primo semestre dell'esercizio, una **relazione semestrale** sull'andamento della gestione, redatta con i criteri stabiliti dalla Consob.

La relazione dei sindaci

Una volta ricevuta la bozza di bilancio da parte degli amministratori, i **sindaci** redigono una relazione con la quale sono tenuti a riferire all'assemblea in merito:

- ai risultati conseguiti nell'esercizio sociale, fornendo una garanzia di attendibilità dei risultati conseguiti, relativamente agli aspetti patrimoniali, finanziari ed economici della gestione;
- all'attività svolta dagli amministratori nell'adempimento dei propri doveri;
- a eventuali osservazioni e proposte in ordine al bilancio e alla sua approvazione.

La relazione dell'incaricato del controllo contabile

Il revisore contabile o la società di revisione che esercitano il controllo contabile ai sensi dell'art. 2409-*bis* c.c. è tenuto ai seguenti obblighi:

- verifica almeno trimestrale della regolare tenuta della contabilità sociale e della corretta rilevazione contabile dei fatti di gestione;
- verifica della corrispondenza del bilancio alle risultanze contabili;
- redazione di un'apposita relazione nella quale esprime un giudizio sul bilancio d'esercizio e consolidato.

Il giudizio a cui è chiamato colui che esercita il controllo contabile dovrebbe essere basato su quattro livelli:

1) **giudizio positivo senza rilievi**, se il bilancio risulta conforme alle scritture contabili e ai principi contabili di redazione;

2) **giudizio positivo con rilievi**, se il revisore ha riscontrato alcune irregolarità, ma tali da non pregiudicare il bilancio nel suo complesso;
3) **giudizio negativo**, se le irregolarità riscontrate sono notevoli e pregiudizievoli per il bilancio, che risulta quindi non veritiero e corretto;
4) **impossibilità di esprimere un giudizio**, qualora il revisore non sia posto nella condizione di poter esprimere un giudizio per mancanza di informazioni e di elementi probatori.

Gli allegati al bilancio delle società quotate

Gli amministratori delle società quotate in Borsa sono tenuti a trasmettere una **relazione gestionale semestrale**:
- entro tre mesi dalla fine del primo semestre dell'esercizio, al collegio sindacale (art. 2428, c. 3 c.c.);
- entro quattro mesi dalla fine del primo semestre, alla Consob, con eventuali osservazioni mosse dal collegio sindacale (art. 4, l. n. 216/74).

La relazione semestrale deve essere redatta in conformità ai criteri stabiliti dalla Consob ed è costituita da più prospetti a stati comparati, del semestre in corso e di quello precedente, oltre che da un **commento** da cui risultino:
- la situazione finanziaria e patrimoniale e il risultato economico dell'esercizio;
- le rettifiche e gli accantonamenti conseguenti all'applicazione delle norme fiscali;
- gli acconti sui dividendi;
- il volume netto di affari;
- un giudizio sull'andamento dell'attività aziendale, indicando le variazioni più significative intervenute nella gestione aziendale dopo il primo semestre e rispetto al semestre del periodo precedente.

La relazione deve essere depositata presso la sede sociale per essere tenuta a disposizione di chi ne faccia richiesta, e inviata al Comitato direttivo degli agenti di cambio di tutte le Borse valori. Il deposito deve essere reso pubblico su almeno due quotidiani a diffusione nazionale.

Gli amministratori delle società quotate in Borsa devono inoltre presentare alla Consob:
- il bilancio con allegate relazioni esplicative riguardanti le partecipazioni, almeno venti giorni prima della data di convocazione dell'assemblea;
- una relazione sulle proposte che riguardano gli argomenti da porre in discussione, di competenza della suddetta assemblea, almeno 45 giorni prima dell'assemblea straordinaria.

Alla **società di revisione**, iscritta in apposito albo tenuto dalla Consob, devono essere infine inviati, almeno 45 giorni prima della data fissata per l'assemblea, i seguenti documenti:
- il bilancio dell'esercizio e la relazione sulla gestione;
- le copie integrali dell'ultimo bilancio delle società controllate;
- il prospetto riepilogativo dei dati essenziali dell'ultimo bilancio delle società collegate;
- l'eventuale bilancio consolidato e la relativa relazione sulla gestione.

F

Fido bancario

Scheda 29

Il fido o **affidamento bancario** è l'ammontare massimo di credito concesso da una banca a un proprio correntista, dopo un'attenta valutazione dei requisiti personali e della capacità di produrre reddito.

Il cliente a cui è stato concesso il fido può decidere l'entità delle somme da utilizzare e il momento in cui farlo. In tal senso è importante distinguere:

- **affidamento**: promessa di credito che la banca effettua nei confronti del cliente;
- **prestito**: effettivo utilizzo delle somme da parte del cliente, nel limite dell'importo massimo messo a disposizione dalla banca.

La procedura di concessione

Nella fase preliminare, la banca effettua una valutazione del grado di affidabilità del cliente, in relazione all'importo richiesto e alle garanzie offerte.

PUNTI SOTTOPOSTI A VERIFICA PRELIMINARE	
Possesso dei requisiti formali	Richiedendo una visura presso la Camera di commercio, si verificano la natura giuridica del richiedente e l'attività esercitata.
Correttezza e moralità	Si analizza il comportamento del cliente in passato, per verificarne l'effettiva attitudine ad adempiere alle sue obbligazioni.
Idoneità al rispetto degli impegni assunti	Si valuta la potenzialità futura di produrre reddito.
Forme di finanziamento già concesse	Informazione rilevabile attraverso la Centrale dei rischi, strumento a tutela degli enti creditizi, per fronteggiare i rischi connessi agli affidamenti concessi a uno stesso soggetto da parte di banche differenti.
Garanzie offerte	Di natura immobiliare o di altro genere.

La valutazione della **capacità di reddito dell'impresa** richiedente si realizza attraverso l'analisi della consistenza patrimoniale e della solvibilità nel breve periodo. In sostanza, gli analisti della banca esaminano il bilancio d'esercizio degli ultimi tre anni dell'impresa richiedente, procedendo a una rielaborazione dei dati al fine di costruire degli indici di struttura patrimoniale e finanziaria atti ad analizzare il grado di indebitamento del cliente. Attraverso adeguate proiezioni future della redditività, si determina il **grado di solvibilità del cliente**.

Oltre all'analisi quantitativa che fa perno sui dati di bilancio, gli analisti della banca procedono a un attento studio delle **caratteristiche qualitative dell'impresa**, sia da un punto di vista operativo che organizzativo. Ciò si concretizza nel lavoro di ispettori che vengono generalmente inviati presso le aziende richiedenti per esprimere un parere sulle professionalità manageriali presenti e sugli interlocutori aziendali.

Le garanzie offerte dal cliente rappresentano un elemento predominante nella fase dell'istruttoria e si possono distinguere in reali e personali.

Sono **garanzie reali** il pegno e l'ipoteca.

Il **pegno** è un diritto reale su beni mobili (o crediti) che il debitore o un terzo concedono a favore del creditore a garanzia di un credito.

L'ipoteca è un diritto reale, concesso al creditore, di espropriare i beni vincolati dal debitore o da un terzo, a garanzia del suo credito. La legge distingue ipoteche: **legali** (spettano per legge all'alienante per l'adempimento degli obblighi assunti dal compratore), **giudiziali** (iscritte in virtù di una sentenza di condanna al pagamento di una determinata somma o all'adempimento di un'obbligazione), **volontarie** (che si costituiscono con il consenso del debitore).

Sono **garanzie personali** la fideiussione e l'avallo.

La **fideiussione** è un contratto mediante il quale un soggetto (fideiussore) si impegna personalmente nei confronti del creditore, garantendo l'adempimento di un'obbligazione del debitore.

L'**avallo** è un'obbligazione di garanzia mediante la quale un soggetto (avallante) garantisce il pagamento di una cambiale, solidalmente con il debitore principale.

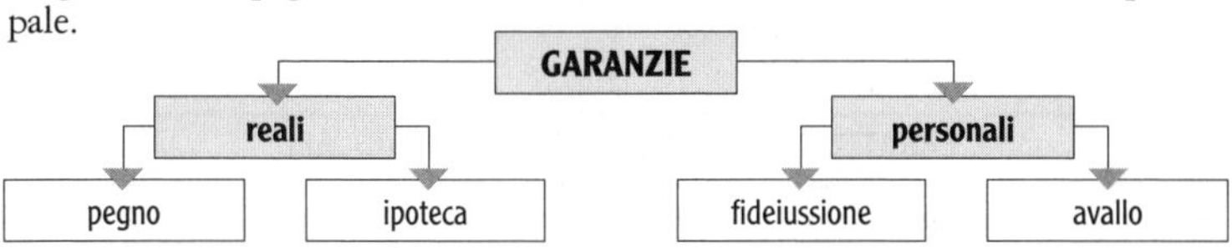

Le forme di affidamento

L'affidamento bancario, una volta concesso, può essere utilizzato dal cliente nelle seguenti forme:

- **per crediti di cassa**: apertura di credito in conto corrente, sconto di carta commerciale, sovvenzioni cambiarie, portafoglio salvo buon fine, anticipo su fatture;
- **per crediti di firma**: non sia ha erogazione diretta di denaro, ma una garanzia rilasciata dalla banca su determinate operazioni poste in essere dal cliente.

In base alla scadenza stabilita dalla banca, il fido può essere:

- **senza scadenza**: nessun limite temporale, fatto salvo il diritto di richiedere in qualsiasi momento, salvo preavviso, il rientro da parte del cliente;
- **a scadenza fissa**: scadenza fissata a priori, salvo proroga della stessa.

In base alle modalità di erogazione, il fido può infine essere:

- **a soluzione unica**: tramite qualsiasi tipo di operazione, secondo necessità del cliente;
- **in più operazioni**: per importi parziali, che integrano l'importo totale dell'affidamento.

Forma giuridica per l'esercizio d'impresa

Scheda 30

La **forma giuridica** di un'organizzazione consiste nell'insieme delle regole fissate dalla normativa che disciplina l'assetto istituzionale delle aziende.

In base al soggetto giuridico che la costituisce, un'azienda può essere:
- una sola persona fisica (**impresa individuale**);
- un'organizzazione composta da una serie di persone (**impresa collettiva o società**).

L'impresa individuale e familiare

Nell'**impresa individuale**, tutte le funzioni imprenditoriali sono concentrate in un'unica persona fisica, che conferisce il capitale di rischio necessario per lo svolgimento dell'attività d'impresa e compie tutte le scelte di governo economico.

CARATTERISTICHE DELL'IMPRESA INDIVIDUALE	
Assenza di autonomia patrimoniale	Gestione finanziaria dell'impresa e patrimonio personale dell'imprenditore coincidono. L'imprenditore risponde dei debiti derivanti dall'esercizio dell'attività d'impresa illimitatamente con l'intero patrimonio personale, che costituisce una garanzia per i terzi creditori dell'impresa.
Imprenditore come soggetto giuridico	Non esiste una soggettività autonoma rispetto alla persona fisica dell'imprenditore.

Una particolare tipologia d'impresa individuale è l'**impresa familiare**, costituita dall'imprenditore e dai suoi familiari (coniuge, parenti entro il terzo grado e affini entro il secondo grado).

Anche se più persone sono coinvolte nello svolgimento delle funzioni imprenditoriali, non c'è autonomia patrimoniale e la responsabilità dell'imprenditore individuale resta illimitata.

La legge riconosce i seguenti **diritti dei familiari collaboratori** dell'imprenditore:
- al mantenimento, in base alle condizioni patrimoniali della famiglia;
- di partecipazione agli utili dell'impresa, in misura proporzionale al tipo e alla quantità di lavoro prestato. A tale diritto non corrisponde tuttavia l'obbligo di rispondere delle eventuali perdite;
- sui beni acquistati con gli utili conseguiti dall'impresa e sugli incrementi di valore dell'azienda nel tempo, compreso l'avviamento;
- di prelazione reale sull'azienda, in caso di divisione ereditaria o di trasferimento della stessa;
- di partecipazione alle decisioni aziendali.

Con riferimento ai **poteri di gestione**, al titolare spettano autonomamente e senza obbligo di consultazione dei familiari le scelte riguardanti la gestione ordinaria. La maggioranza dei collaboratori ha il diritto di decidere in merito all'impiego degli utili e degli incrementi patrimoniali, alla gestione straordinaria, agli indirizzi produttivi e alla cessazione dell'impresa.

Da un **punto di vista fiscale**, il reddito prodotto dall'impresa familiare può essere attribuito:
- al titolare nella misura non inferiore al 51%;
- ai collaboratori nella misura non superiore al 49%.

L'impresa collettiva

L'**impresa collettiva** o società è uno strumento mediante il quale più persone esercitano in comune un'attività imprenditoriale.

ELEMENTI CHE CARATTERIZZANO L'IMPRESA COLLETTIVA	
Soggettivo	L'impresa è costituita da un insieme di persone.
Finalistico	Le attività dei partecipanti tendono al raggiungimento di uno scopo comune; nelle società, lo scopo finale è il raggiungimento del lucro.
Volontario	I partecipanti scelgono liberamente di intraprendere in comune un'attività.
Oggettivo	Ogni partecipante mette a disposizione contributi materiali al fine di raggiungere lo scopo comune.
Organizzativo	I contributi messi a disposizione dai partecipanti vengono organizzati per garantire una direzione idonea e univoca.

Le imprese collettive nascono per effetto di un **contratto di società**, con il quale due o più persone conferiscono beni o servizi per l'esercizio in comune di un'attività economica allo scopo di dividerne gli utili.

Full costing e direct costing

Scheda 31

Il full costing

Il **full costing** (o **costo pieno**) si basa sul presupposto che a ogni prodotto devono essere attribuiti sia i costi variabili di diretta imputazione, sia una quota dei costi fissi sostenuti dall'impresa.

Il costo di prodotto può essere calcolato in modo diverso a seconda della modalità di svolgimento della produzione: su commessa o per processi (o a flusso continuo).

Nelle imprese che operano **su commessa**, l'attenzione viene posta su un prodotto ben preciso ordinato dal cliente e il processo viene attivato sullo stesso. L'imputazione dei costi avviene direttamente alla commessa, relativamente alla quale, al termine del processo produttivo, si ricava il costo effettivo a consuntivo (per esempio il costo effettivo di uno yacht realizzato da un cantiere navale è determinabile con precisione solo nel momento in cui il prodotto è ultimato; i costi non vengono imputati alla produzione globale di un certo periodo, ma direttamente allo yacht commissionato dal cliente).

Nelle imprese che operano **per processi**, la produzione consiste generalmente nella realizzazione di prodotti omogenei o standard, che presentano differenziazioni qualitative (produzione per lotti); il costo del prodotto scaturisce dal rapporto tra i costi relativi al periodo preso in considerazione e la quantità di output ottenuta nello stesso periodo. Al prodotto viene quindi imputato un costo pieno, costituito sia da costi speciali sia da costi comuni oggettivamente ripartiti.

La tecnica del full costing è basata quindi sul concetto di assorbimento integrale dei costi dei fattori impiegati nella produzione, che concorrono alla determinazione del costo di prodotto.

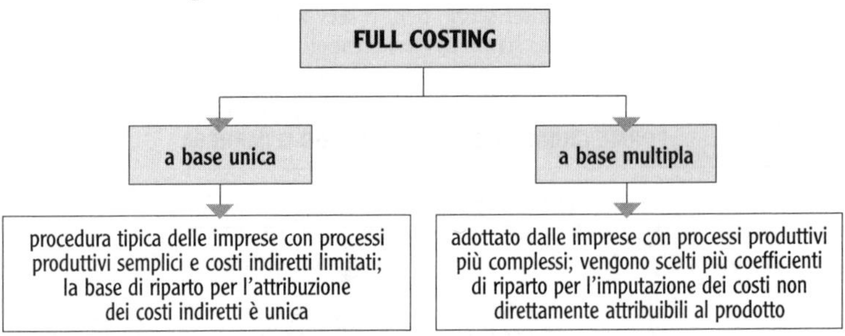

I costi comuni e speciali indiretti vengono imputati attraverso la creazione di **centri di costo**, le cui funzioni sono:

- garantire un'adeguata e corretta attribuzione dei costi ai prodotti, attraverso raggruppamenti intermedi che ne rendono più oggettiva la determinazione;
- supportare il management nella valutazione delle performance delle varie unità operative in cui viene scomposto il processo produttivo;
- agevolare il controllo di gestione, essendo direttamente riferibili ai centri di responsabilità.

Il direct costing

Il **direct costing** è una tecnica di calcolo dei costi basata sull'analisi marginale e fondata sulla suddivisione dei costi in due categorie:
- costi fissi, relativi all'utilizzo della struttura produttiva;
- costi variabili, relativi all'acquisto dei fattori produttivi indispensabili per raggiungere un determinato volume di produzione.

La sommatoria tra costi variabili impiegati nel processo produttivo e costi relativi ai prodotti venduti origina il costo **variabile del venduto**. Dal confronto con i ricavi di vendita, si ottiene il margine di contribuzione, che rappresenta la capacità di un determinato prodotto di contribuire alla copertura dei costi fissi.

Il **margine di contribuzione** costituisce la parte di ricavi disponibile per la copertura dei costi fissi e per il conseguimento di un utile.

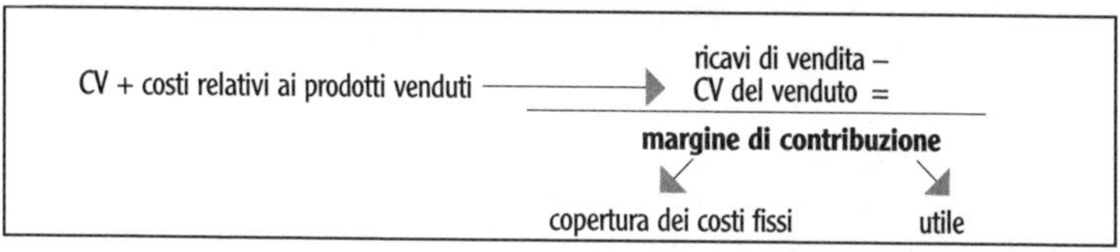

I costi fissi, in particolare l'ammortamento dei beni strumentali, vengono quindi imputati in relazione al margine realizzato; all'origine del *direct costing* vi è infatti la logica di imputare il costo dei beni ammortizzabili solo se vi è un certo margine di contribuzione.

La scelta tra full costing e direct costing

La scelta tra *full costing* e *direct costing* è influenzata sia dalle esigenze informative che l'impresa attribuisce alla contabilità analitica sia dal grado di distinzione oggettiva tra costi fissi, semifissi e variabili. Il direct costing, che considera solo i costi variabili relativi all'utilizzo della capacità produttiva, si adatta ai processi decisionali di breve periodo consentendo di orientare le scelte di convenienza economica relative al mantenimento, sviluppo o eliminazione di una o più linee di produzione e lasciando inalterata la struttura tecnico-organizzativa dell'impresa.

Gli **sviluppi recenti** hanno comportato il diffondersi di processi produttivi flessibili e tecnologicamente avanzati, con conseguenti modifiche sostanziali nell'incidenza dei costi fissi rispetto a quelli variabili sul costo complessivo del prodotto nonché nella struttura e identificazione dei centri di costo.

Un costo generalmente variabile come quello del lavoro o dell'energia, viene ora considerato un costo comune a tutte le lavorazioni eseguite nei centri di costo, e non più imputabile direttamente al singolo prodotto. I costi variabili diretti incidono quindi in modo sempre minore sul costo complessivo di produzione in quanto si trasformano nella maggior parte dei casi in costi indiretti comuni a più prodotti o fasi della produzione.

I

Imposta regionale sulle attività produttive

Scheda 32

L'**Irap** è un'imposta di competenza regionale che colpisce il valore della produzione netta delle imprese, ossia il reddito prodotto al lordo dei costi per il personale e degli oneri e dei proventi di natura finanziaria.

CARATTERISTICHE DELL'IMPOSTA	
Reale	In quanto oggettiva, relativa ai vari tipi di attività esercitate dal contribuente.
Proporzionale	In quanto determinata applicando alla base imponibile un'aliquota fissa.
Locale	In quanto destinata alle Regioni ove si svolge l'attività produttiva.

Il **presupposto** per l'applicazione dell'Irap è l'esercizio abituale di un'attività autonomamente organizzata, diretta alla produzione o allo scambio di beni o alla prestazione di servizi.

Sono **soggetti passivi** a fini Irap:
- le società di capitali e le amministrazioni pubbliche;
- gli enti aventi a oggetto esclusivo o principale l'esercizio di un'attività commerciale (escluse le cooperative e loro consorzi);
- gli enti non commerciali residenti e le società ed enti non residenti;
- le persone fisiche esercenti attività commerciali o di lavoro autonomo (queste ultime purché dotate di autonoma organizzazione).

La base imponibile e il calcolo dell'imposta

La base imponibile Irap (**valore della produzione netta**), per le società di capitale e gli enti commerciali, è data dalla differenza tra le voci classificabili nel valore della produzione e quelle classificabili nel costo della produzione di cui allo schema di bilancio civilistico. Dal costo della produzione è tuttavia necessario escludere il costo del personale dipendente e assimilato, le altre svalutazioni delle immobilizzazioni, le svalutazioni dei crediti compresi nell'attivo circolante e delle disponibilità liquide, gli accantonamenti per rischi.

Ai fini della determinazione della base imponibile Irap, non si tiene conto delle variazioni in aumento e in diminuzione previste ai fini delle imposte sui redditi.
Sono indeducibili ai fini Irap:
- i costi del personale, tranne i contributi Inail versati per i dipendenti, i costi sostenuti per gli apprendisti, i disabili, per il personale assunto con contratto di formazione lavoro e per il personale addetto alla ricerca e sviluppo, le spese sostenute per l'acquisizione di beni e servizi destinati a dipendenti e collaboratori;
- i compensi per attività commerciali e per prestazioni di lavoro autonomo occasionali, nonché gli utili spettanti agli associati in partecipazione;
- la parte d'interessi passivi inclusa nei canoni di locazione finanziaria;
- le perdite su crediti e le svalutazioni dei crediti compresi nell'attivo circolante;
- l'imposta municipale propria.

IMPORTI DEDUCIBILI DALLA BASE IMPONIBILE	
Condizioni	
Base imponibile non superiore a 180.759,91 euro	euro 8.000
Base imponibile superiore a 180.759,91 euro ma non a 180.839,91 euro	euro 6.000
Base imponibile superiore a 180.839,91 euro ma non a 180.919,91 euro	euro 4.000
Base imponibile superiore a 180.919,91 euro ma non a 180.999,91 euro	euro 2.000
Per ogni lavoratore dipendente impiegato nel periodo d'imposta (fino a un massimo di 5), purché i componenti positivi non siano superiori a euro 400.000	euro 1.850

Dalla base imponibile Irap è prevista una specifica deduzione per il costo del personale dipendente a tempo indeterminato.

L'importo da versare si ottiene applicando alla base imponibile un'aliquota del 3,5% (salvo eccezioni).

DETERMINAZIONE DELLA BASE IMPONIBILE IRAP

Valore della produzione
1) Ricavi delle vendite e delle prestazioni
2) Variazioni delle rimanenze in corso di lavorazione, semilavorati e finiti
3) Variazione dei lavori in corso su ordinazione
4) Incrementi di immobilizzazioni per lavori interni
5) Altri ricavi e proventi

Meno i seguenti **costi della produzione**
6) Costi per materie prime, sussidiarie, di consumo e merci
7) Costi per servizi (esclusi i compensi per collaborazioni, per prestazioni occasionali ecc.)
8) Costi per godimento di beni di terzi (esclusi gli interessi compresi nei canoni leasing)
9) Alcuni costi del personale (premi Inail, costi apprendisti, disabili ecc.)
10) Ammortamenti e svalutazioni (esclusa la lettera c)
11) Variazioni delle rimanenze di materie prime, sussidiarie, di consumo e merci
14) Oneri diversi di gestione (escluse le perdite su crediti)

Le modalità di versamento

Il periodo d'imposta e il versamento sono determinati con le stesse regole previste per le imposte sui redditi.

Il versamento, per le imprese commerciali, dovrà essere effettuato tramite il modello F24, sezione "Regioni", in due acconti generalmente da effettuarsi entro il 30 giugno ed entro il 30 novembre. Il saldo andrà versato entro il 30 giugno dell'anno successivo unitamente al primo acconto del periodo d'imposta in corso.

I

Imposta sul valore aggiunto: adempimenti

Scheda 33

La dichiarazione di inizio attività

I soggetti che intraprendono un'attività economica, dopo avere richiesto l'attribuzione del numero di partita Iva, devono presentare un'apposita **dichiarazione di inizio attività** all'Agenzia delle entrate, entro il termine di 30 giorni dall'inizio dell'attività.

Entro lo stesso termine deve essere comunicata qualsiasi variazione rilevante.

La liquidazione periodica

La **liquidazione periodica** mensile o trimestrale è la modalità con cui i soggetti passivi dell'Iva rilevano il saldo dell'imposta sulle operazioni attive e passive registrate nel periodo di riferimento.

La cadenza periodica **mensile** attiene alla liquidazione ordinaria prevista dalla legge, a cui sono tenuti tutti i contribuenti. Essi devono determinare l'imposta dovuta o a credito come differenza tra quella relativa alle operazioni attive e passive registrate in ciascun mese. Il versamento deve avvenire entro il giorno 16 del mese successivo a quello di riferimento.

La cadenza periodica **trimestrale** è prevista solo per i contribuenti:
- **trimestrali ordinari**, individuati in modo esplicito dalla legge (istituti di credito, assicurazioni e imprese telefoniche);
- **trimestrali su opzione**, che, con riferimento all'anno solare precedente, hanno realizzato un volume d'affari non superiore a 400.000 euro per le imprese di prestazione di servizi e a 700.000 euro per le imprese esercenti altre attività. Il saldo a debito deve essere aumentato dell'1% a titolo di interesse.

L'imposta dovuta o a credito viene determinata come differenza tra quella relativa alle operazioni attive e passive in ciascun trimestre, e in caso di saldo a debito il versamento deve essere eseguito entro il giorno 16 del secondo mese successivo al trimestre di riferimento (maggio, agosto, novembre, febbraio).

L'acconto

I soggetti passivi ai fini Iva devono versare entro il 27 dicembre di ogni anno l'**acconto** dell'imposta dovuta per dicembre (contribuenti mensili) o per l'ultimo trimestre (contribuenti trimestrali).

L'acconto può essere determinato:
- applicando la percentuale dell'88% al saldo dovuto per dicembre o per l'ultimo trimestre dell'anno precedente (metodo storico);
- applicando la percentuale dell'88% al saldo dovuto (se minore di quello dello stesso periodo dell'anno solare precedente) per dicembre o per l'ultimo trimestre dell'anno in corso;
- versando il 100% del saldo dell'imposta sulle operazioni registrate fino al 20 dicembre dell'anno in corso.

La liquidazione annuale e i versamenti

La liquidazione annuale è la modalità con cui viene determinato il saldo Iva complessivo con riferimento all'intero anno solare.

Il saldo così determinato può essere:
- **a debito**; l'importo deve essere versato entro il 16 marzo di ogni anno, con riferimento alla liquidazione dell'anno solare precedente. È tuttavia ammessa la possibilità di effettuare il versamento entro il maggior termine del 30 giugno di ogni anno, applicando una maggiorazione a titolo d'interesse dello 0,40% per ogni mese o frazione di mese successivo alla scadenza originaria del 16 marzo;
- **a credito**; l'importo può essere compensato con altri tributi e contributi, riportato nell'anno successivo in diminuzione dell'Iva a debito risultante dalle liquidazioni periodiche oppure richiesto a rimborso.

La dichiarazione annuale

I soggetti passivi dell'Iva devono presentare la dichiarazione annuale in cui siano riepilogati tutti i dati relativi alle operazioni attive e passive poste in essere nell'anno solare precedente. Essa deve essere redatta secondo modelli conformi a quelli approvati ogni anno con provvedimento dell'Agenzia delle entrate. Il termine di presentazione, da effettuarsi esclusivamente in via telematica, è il mese di febbraio dell'anno successivo.

La dichiarazione annuale, debitamente sottoscritta, deve obbligatoriamente contenere:
- dati anagrafici e domicilio fiscale;
- attività esercitata;
- dati relativi alle operazioni registrate (suddivisi per imponibile alle diverse aliquote e relativa imposta);
- dati relativi alle liquidazioni periodiche;
- dati relativi ai versamenti periodici e in acconto effettuati nell'anno.

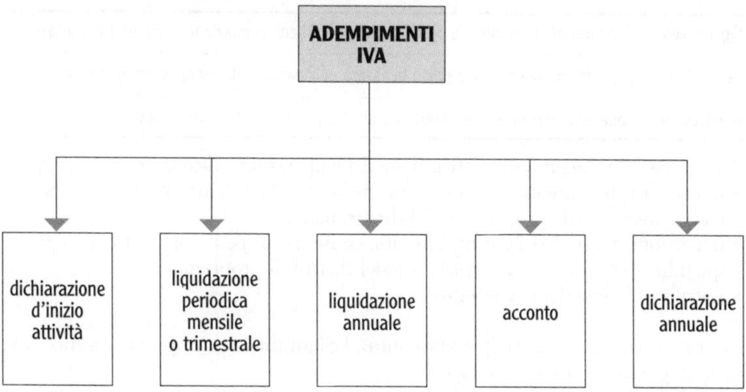

I

Imposta sul valore aggiunto: principi generali

Scheda 34

L'**imposta sul valore aggiunto (Iva)** colpisce il valore aggiunto di ogni fase della produzione, scambio di beni e servizi.

Si tratta di un'imposta generale sui consumi, che grava sull'incremento di valore che un bene o un servizio acquistano a ogni passaggio economico, dalla produzione al consumo. Mediante un sistema di detrazione e rivalsa, l'imposta colpisce il consumatore finale, mentre per il soggetto passivo d'imposta rimane neutrale. In definitiva l'Iva rappresenta un costo solo per i consumatori finali.

È soggetto passivo dell'Iva chi effettua cessioni di beni e prestazioni di servizi nell'esercizio di imprese, arti e professioni, ovvero chi, nell'esercizio di tali attività, effettua importazioni o operazioni intracomunitarie.

I soggetti passivi devono addebitare l'Iva come maggiorazione del prezzo dei beni ceduti o dei servizi prestati e divengono debitori verso l'Erario. Si tratta di contribuenti di diritto in quanto obbligati ad applicare l'imposta, mentre i consumatori finali sono contribuenti di fatto.

In caso d'importazioni di beni, il soggetto passivo è chi ha compiuto l'operazione, anche se non svolge alcuna attività d'impresa, arte o professione; debitore dell'Iva sulle importazioni è infatti il proprietario delle merci e, in solido, tutti coloro per conto dei quali la merce è stata importata.

L'applicabilità

Il meccanismo di applicazione dell'imposta scatta se sussistono contemporaneamente tre presupposti. L'assenza anche di un solo requisito comporta l'esclusione dell'operazione dall'Iva.

PRESUPPOSTI DI APPLICABILITÀ DELL'IVA	
Oggettivo	L'operazione deve avere a oggetto cessioni di beni, prestazioni di servizi o importazioni.
Soggettivo	L'operazione deve essere posta in essere nell'esercizio di imprese, arti e professioni.
Territoriale	L'operazione deve essere effettuata all'interno del territorio dello Stato.

Riferendosi al momento di effettuazione delle operazioni, si considerano eseguite:
- le cessioni di immobili, al momento della stipula dell'atto o al verificarsi del trasferimento della proprietà o del diritto reale;
- le cessioni degli altri beni mobili, alla consegna o spedizione del bene oppure quando si verifica l'effetto traslativo del diritto di proprietà;
- i servizi, all'atto del pagamento.

In caso di pagamento anticipato (acconto), l'esigibilità dell'imposta è immediata, limitatamente all'importo versato.

In base all'applicabilità, si distinguono quattro tipi di operazioni.

TIPI DI OPERAZIONI SECONDO L'APPLICABILITÀ IVA	
Imponibili	Se possiedono i 3 presupposti sono assoggettate all'imposta.
Non imponibili	Se sono prive del presupposto di territorialità (per esempio cessioni all'esportazione); non sono soggette all'imposta, ma devono rispettare gli altri obblighi formali e di registrazione imposti dalla normativa Iva.
Esenti	Se possiedono i 3 presupposti, ma sono escluse per espressa previsione normativa (per esempio, cessioni di valori postali e bollati, oneri finanziari, prestazioni mediche) sono comunque soggette a obblighi di fatturazione e registrazione.
Escluse	Se non possiedono uno o più presupposti o sono escluse per espressa previsione normativa; non sono soggette agli obblighi di fatturazione, registrazione, liquidazione e dichiarazione annuale.

Le esportazioni

Per i beni esportati o per i servizi non effettuati nel territorio dello Stato o dell'Ue, il cedente non è tenuto ad applicare l'imposta, ma dovrà comunque emettere fattura indicandovi la non imponibilità dell'operazione per mancanza del presupposto territoriale. Le fatture devono comunque essere conservate e registrate e l'effettiva uscita dei beni dal territorio nazionale viene provata con visto doganale sulla fattura o sul documento di trasporto. Se il soggetto è esportatore abituale, può effettuare acquisti o importazioni senza applicazione dell'imposta entro un certo limite stabilito per legge (*plafond*).

Le aliquote

Le aliquote attualmente in vigore sono le seguenti:
- 4% (aliquota minima);
- 10% (aliquota ridotta);
- 22% (aliquota ordinaria).

La detraibilità

Colui che cede beni o servizi può detrarre l'imposta pagata sugli acquisti effettuati nell'esercizio d'impresa, arte o professione dall'imposta addebitata agli acquirenti dei beni ceduti o dei servizi prestati. In generale l'imposta è detraibile se è relativa a un'operazione inerente all'attività svolta e che non rientra nei casi di indetraibilità e se viene esercitato correttamente il diritto alla detrazione.

Per detrarre l'Iva è necessario che essa sia stata addebitata in fattura a titolo di rivalsa, a carico del soggetto che ha acquistato il bene o ha ricevuto il servizio. Si può esercitare il diritto alla detrazione indipendentemente dall'effettivo pagamento del tributo da parte del cedente e dal versamento a quest'ultimo da parte del cessionario. L'esercizio di tale diritto non deve avvenire necessariamente in contemporanea all'acquisto del bene o servizio o al ricevimento della relativa fattura, purché avvenga entro il termine di presentazione della dichiarazione annuale relativa al secondo anno successivo a quello in cui sorge il diritto stesso.

I

Imposte differite e anticipate

Scheda 35

Le **imposte differite** e **anticipate** scaturiscono dalla divergenza tra valori contabili e valori fiscali nella determinazione del reddito imponibile.

La necessità di far gravare sull'esercizio in cui viene prodotto il reddito l'ammontare complessivo dei tributi a esso correlato (eliminando gli effetti temporanei che generano una traslazione parziale o totale nel tempo dei tributi gravanti sul reddito prodotto) implica che le imposte debbano incidere sul reddito dell'anno a cui sono correlate, a prescindere dal momento del loro effettivo pagamento.

La differenza che si viene a creare tra il risultato prima delle imposte, stabilito secondo i criteri civilistici, e il reddito imponibile, derivante dall'applicazione della normativa tributaria, impone la determinazione e la contabilizzazione della fiscalità differita, ossia il riallineamento tra imposte correnti e imposte di competenza. Le imposte possono essere:

- **di competenza**, riferibili ai redditi prodotti nell'esercizio di riferimento e calcolate sul risultato economico civilistico prima delle imposte, rettificato delle sole differenze permanenti;
- **correnti**, effettivamente dovute nel periodo in base alle dichiarazioni fiscali;
- **differite**, rappresentate dalla quota di imposta differita ai periodi futuri. Si tratta di costi presunti, già maturati dal punto di vista economico, ma con manifestazione finanziaria nei futuri esercizi.

Le imposte di competenza e correnti si distinguono per:

- **differenze fiscali permanenti**, non destinate a essere compensate negli anni successivi e che non generano alcuna fiscalità differita;
- **differenze fiscali temporanee**, che si originano in un esercizio e si annullano nei successivi. Esse rimandano o anticipano l'esborso d'imposte riferite a un diverso esercizio, contrariamente alla corretta applicazione del principio di competenza. In sede di redazione del bilancio si procede quindi alla rilevazione di scritture di rettifica.

Le differenze fiscali, permanenti o temporanee, incidono dunque sulla determinazione del reddito imponibile in quanto derivanti da componenti negativi o positivi di reddito deducibili o imponibili sulla base della normativa tributaria.

Esaminiamo alcuni esempi di differenze fiscali.

DIFFERENZE PERMANENTI	
Positive	**Negative**
Imposte sui redditi	Spese di rappresentanza
Plusvalenze su cessione di autoveicoli	Quota degli interessi passivi indeducibili
Redditi d'immobili non strumentali	Erogazioni liberali oltre i limiti fiscali

DIFFERENZE TEMPORANEE	
Positive	**Negative**
Plusvalenze rateizzate	Compensi non ancora corrisposti
Rivalutazione di partecipazioni	Spese di manutenzione eccedenti il 5%
Dividendi	Riporto fiscale delle perdite
Accantonamenti per rischi di cambio	Svalutazione crediti superiori all'accantonamento

Le differenze temporanee positive generano imposte differite, quelle negative imposte anticipate.

Le imposte differite e anticipate nello S.P. e nel C.E.

Tali imposte devono essere evidenziate in sede di bilancio con l'iscrizione:

- nell'Attivo circolante, sotto la voce Crediti:
  CII 5-*bis*) crediti tributari;
  CII 5-*ter*) imposte anticipate;
- nel Passivo, sotto la voce Fondi per rischi e oneri:
  B 2) per imposte, anche differite;
- nel Conto economico, alla voce Imposte sul reddito dell'esercizio:
  E 20) imposte sul reddito d'esercizio, correnti, differite e anticipate.

Per evitare possibili sopravvalutazioni patrimoniali, i principi contabili nazionali ammettono la contabilizzazione delle imposte anticipate solo se vi è una ragionevole certezza di ottenere in futuro imponibili fiscali sufficienti per assorbire la deduzione dei maggiori costi rilevanti fiscalmente.

Le imposte differite e anticipate nella nota integrativa

La nota integrativa fornisce le informazioni utili per la ricostruzione del carico fiscale di competenza dell'esercizio.

In un apposito prospetto si trovano le indicazioni per il calcolo delle imposte differite, ovvero:

- la descrizione delle differenze temporanee che hanno comportato la rilevazione di imposte anticipate e differite, specificando l'aliquota applicata e le variazioni rispetto all'esercizio precedente, gli importi accreditati o addebitati a Conto economico oppure a patrimonio netto, le voci escluse dal computo nonché le relative motivazioni;
- l'ammontare contabilizzato in bilancio delle imposte anticipate attinenti a perdite dell'esercizio o di esercizi precedenti e le motivazioni dell'iscrizione, l'ammontare non ancora contabilizzato e le motivazioni della mancata iscrizione.

L

Libri obbligatori

Scheda 36

Gli obblighi civilistici

A norma dell'art. 2214 c.c., l'imprenditore che esercita un'attività commerciale è obbligato a tenere le seguenti scritture contabili:

- **libro giornale**, su cui registra giornalmente e in ordine cronologico le operazioni relative all'esercizio d'impresa; ogni pagina deve essere numerata progressivamente; non è soggetto a vidimazione né a bollatura;
- **libro degli inventari**, su cui registra i bilanci e la consistenza delle attività e delle passività relative all'impresa; ogni pagina deve essere numerata progressivamente; non è soggetto a vidimazione né a bollatura;
- **altre scritture contabili** che siano richieste dalla natura e dalle dimensioni dell'impresa.

I libri obbligatori per le **società per azioni** sono quelli previsti dall'art. 2421 c.c.

Libro dei soci	Numero delle azioni distinte per categoria. Dati identificativi dei titolari delle azioni nominative. Trasferimenti e vincoli relativi alle azioni. Versamenti eseguiti.
Libro delle obbligazioni	Ammontare delle obbligazioni emesse ed estinte. Dati identificativi dei titolari delle obbligazioni nominative. Trasferimenti e vincoli relativi alle obbligazioni.
Libro delle adunanze e delle deliberazioni delle assemblee	Trascrizione dei verbali delle riunioni dell'assemblea dei soci, compresi quelli redatti per atto pubblico.
Libro delle adunanze e delle deliberazioni del cda o del consiglio di gestione	Trascrizione dei verbali delle riunioni degli organi amministrativi, a opera degli amministratori o dei componenti del consiglio di gestione.
Libro delle adunanze e delle deliberazioni degli organi di controllo	Trascrizione dei verbali delle riunioni del collegio sindacale, del consiglio di sorveglianza o del comitato per il controllo sulla gestione.
Libro delle adunanze e delle deliberazioni del comitato esecutivo	Trascrizione dei verbali delle riunioni del comitato esecutivo.
Libro delle adunanze e delle deliberazioni delle assemblee degli obbligazionisti	Trascrizione dei verbali delle assemblee degli obbligazionisti a opera del rappresentante comune.
Libro degli strumenti finanziari	Dati degli strumenti finanziari emessi ai sensi dell'art. 2447-*sexies*.

Nel caso di un patrimonio destinato a uno specifico affare, è previsto che gli amministratori tengano separatamente i libri e le scritture contabili obbligatorie, in modo da garantire l'effettiva separazione tra le vicende inerenti tale affare e il complesso delle restanti attività sociali.

I libri obbligatori per le **società a responsabilità limitata** sono quelli previsti dall'art. 2478 c.c.

Libro delle decisioni dei soci	Trascrizione delle decisioni dei soci, adottate rispettivamente: - nel corso delle riunioni dell'assemblea, anche se redatte per atto pubblico; - mediante consultazione scritta o sulla base del consenso espresso per iscritto. In questi casi la documentazione relativa alle decisioni scritte dei soci deve essere conservata dalla società.
Libro delle decisioni degli amministratori	Trascrizione dei verbali delle decisioni dell'organo amministrativo, anche se adottate con modalità non collegiale.
Libro delle decisioni del collegio sindacale o del revisore	Trascrizione dei verbali delle riunioni dell'organo di controllo.

I libri sociali devono essere numerati progressivamente in ogni pagina e bollati in ogni foglio dall'ufficio del registro delle imprese o da un notaio.

Le **società di capitali** sono tenute al versamento di una tassa di concessione governativa annuale forfettaria (indipendente dal numero di libri e registri tenuti e dal numero delle relative pagine) di 309,87 euro (o di 516,46 euro se il capitale sociale supera 516.456,90 euro).

Gli obblighi fiscali

Ai fini delle **imposte dirette**, le società di capitali, le cooperative e gli altri soggetti in contabilità ordinaria (sia per obbligo sia per opzione) devono tenere obbligatoriamente i seguenti libri:
- libro giornale;
- libro degli inventari.

Ai fini dell'**imposta sul valore aggiunto** sono previsti i seguenti registri:
- registro degli acquisti, obbligatorio per i contribuenti in regime ordinario e semplificato;
- registro delle fatture emesse, obbligatorio per tutti i contribuenti obbligati all'emissione della fattura, con esclusione del regime per le nuove iniziative, delle attività marginali, degli agricoltori e pescatori e di altre categorie residuali;
- registro dei corrispettivi, obbligatorio per tutti i contribuenti obbligati all'emissione della ricevuta o scontrino fiscale, con esclusione del regime per le nuove iniziative, delle attività marginali, degli agricoltori e pescatori e di altre categorie residuali;
- ulteriori registri per operazioni specifiche.

N

Norme e attività bancarie

Scheda 37

Le norme bancarie

La normativa sull'ordinamento bancario è stata riordinata e coordinata dal **Testo unico delle leggi in materia bancaria e creditizia** (d.lgs. 1° settembre 1993, n. 385), entrato in vigore il 1° gennaio 1994.

Il Testo unico sancisce i seguenti importanti **principi**:
- il carattere d'impresa dell'attività bancaria;
- l'assoggettamento degli operatori al controllo delle autorità creditizie;
- l'esercizio dell'attività riservato alle banche, ossia alle imprese che possiedono l'autorizzazione della Banca d'Italia e che sono iscritte in un apposito albo. La raccolta del risparmio tra il pubblico è quindi vietata ai soggetti diversi dalle banche.

L'evoluzione dell'attività bancaria ha indotto il legislatore a prevedere una vera e propria **despecializzazione** degli operatori, i quali possono:
- svolgere, oltre all'attività bancaria, ogni altra attività finanziaria nonché attività connesse o strumentali;
- detenere, entro certi limiti, partecipazioni nel capitale di imprese operanti nei settori industriale e commerciale;
- emettere strumenti finanziari sia a breve sia a medio lungo termine, in base alla disciplina specifica fissata dalla Banca d'Italia.

L'autorizzazione all'esercizio dell'attività bancaria viene rilasciata dalla **Banca d'Italia** qualora ricorrano, fra le altre, le seguenti condizioni:
- adozione della forma giuridica di società per azioni o società cooperativa per azioni a responsabilità limitata e localizzazione di sede legale e direzione generale nel territorio italiano;
- versamento di un capitale minimo fissato dalla Banca d'Italia;
- presentazione di un programma relativo all'attività iniziale, dell'atto costitutivo e dello statuto;
- possesso dei requisiti di onorabilità in caso di acquisizione di partecipazioni rilevanti;
- garanzia di una sana e prudente gestione.

BANCHE: STRUTTURA ORGANIZZATIVA	
Gruppo plurifunzionale	Le diverse attività sono svolte da una pluralità d'imprese, giuridicamente autonome, dirette da un capogruppo che esercita il controllo ed elabora le strategie del gruppo. Generalmente sviluppa l'attività nel settore parabancario, con partecipazioni nel settore del leasing e del factoring.
Banca universale	Concentrazione in un'unica impresa dell'attività d'investimento, intermediazione finanziaria e prestazione di servizi accessori e complementari.

L'attività bancaria

L'attività bancaria consiste in:
- raccolta del risparmio presso il pubblico;
- esercizio del credito;
- altre attività finanziarie;
- attività connesse e strumentali a quelle tipicamente bancarie e finanziarie.

Le operazioni bancarie sono classificabili in quattro categorie:
- con le **operazioni d'intermediazione creditizia** la banca raccoglie fondi dai soggetti che offrono capitali e concede credito a quelli che necessitano di finanziamenti. Ne fanno parte le **operazioni di provvista o di raccolta fondi**: la banca diviene debitrice nei confronti dei soggetti da cui riceve fondi e sostiene dei costi sotto forma d'interessi passivi. La raccolta può avvenire direttamente dalla clientela (operazioni originarie) o sul mercato telematico dei depositi bancari (operazioni derivate). In questa categoria rientrano anche le **operazioni d'impiego**, in cui la banca utilizza i fondi raccolti concedendo credito alla clientela ordinaria e alle altre banche;
- con le **operazioni d'investimento diretto** la banca impiega le proprie disponibilità finanziarie in investimenti durevoli di natura finanziaria (titoli di debito, valute estere e strumenti finanziari in valuta, azioni o partecipazioni di altre imprese) e di tipo strutturale-organizzativo (immobili, mobili e attrezzature);
- le **prestazioni di servizi** si sono sviluppate nel tempo in modo sempre più rilevante, al fine di soddisfare le esigenze più diversificate della clientela. A loro volta si suddividono in tre categorie. I **servizi d'investimento** comprendono le negoziazioni di strumenti finanziari per conto terzi, il collocamento di strumenti finanziari per conto degli emittenti e la gestione di portafogli d'investimento per conto terzi.
  I **servizi accessori** comprendono le operazioni connesse ai servizi d'investimento per conto terzi e in particolare la custodia e l'amministrazione di strumenti finanziari, la locazione delle cassette di sicurezza, la consulenza in materia finanziaria, industriale e di valori mobiliari.
  Le **operazioni complementari** si riferiscono ai servizi d'incasso e pagamento per conto terzi, di tesoreria ed esattoria e di emissione delle carte di credito;
- con le **operazioni collaterali** la banca, appositamente costituita sotto forma di gruppo plurifunzionale, presta una serie di servizi aggiuntivi avvalendosi delle società controllate e collegate. Si tratta per esempio di operazioni di leasing, factoring, *forfaiting*, *venture capital*, fondi comuni d'investimento, elaborazione dati per conto terzi.

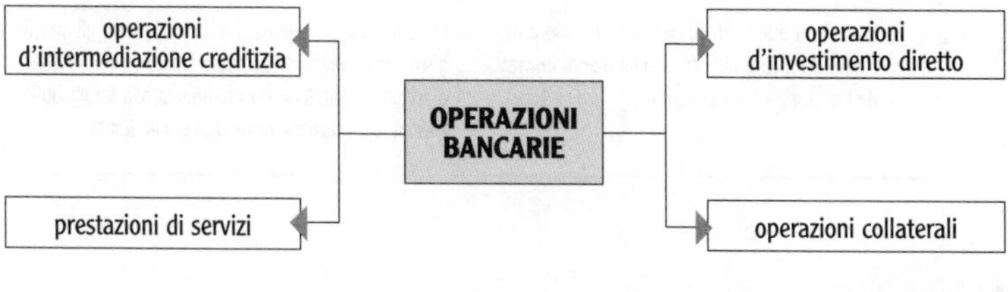

N

Nota integrativa

Scheda 38

La **nota integrativa** ha una funzione informativa (riguardo ai dati inseriti nello Stato patrimoniale e nel Conto economico e ad altre informazioni sia di natura contabile sia di natura extracontabile) e giustificativa (circa le scelte degli amministratori che hanno portato ai dati contabili inseriti nei due prospetti).

Il documento deve contenere tutte le informazioni e giustificazioni indicate nei punti previsti dall'art. 2427 c.c.

	CONTENUTO	TIPO DI INFORMAZIONE
1	I criteri applicati nella valutazione delle voci di bilancio, nelle rettifiche di valori e nella conversione dei valori espressi in moneta estera.	L'informativa deve riguardare i criteri che hanno un effetto significativo sulla rappresentazione e determinazione della situazione aziendale e in particolare la valutazione e l'ammortamento delle immobilizzazioni materiali e immateriali, la valutazione delle immobilizzazioni finanziarie, la svalutazione delle attività patrimoniali, la conversione dei valori espressi in valuta, la determinazione degli accantonamenti a fondi per rischi e oneri.
2	I movimenti delle immobilizzazioni specificando per ciascuna voce: - la situazione iniziale, rappresentata dal costo di acquisto o di produzione, dai precedenti ammortamenti e svalutazioni; - i movimenti nell'esercizio, rappresentati dalle alienazioni, rivalutazioni, ammortamenti e svalutazioni avvenute nell'esercizio; - la situazione finale, con le rivalutazioni.	L'informativa è riferita a tutte le immobilizzazioni (immateriali, materiali e finanziarie) e può essere fornita anche mediante l'uso di tabelle adeguatamente commentate. Per quanto riguarda l'informazione relativa agli spostamenti da una voce all'altra, questa è riferibile a: - storni della voce "Immobilizzazioni in corso e acconti"; - storni da una voce dell'attivo circolante a una delle immobilizzazioni, per esempio per cambiamento di destinazione dei titoli; - storni da una voce delle immobilizzazioni a una dell'attivo circolante, anche questo per cambiamento di destinazione.
3	La composizione delle voci relative ai costi di sviluppo, le ragioni della loro iscrizione in bilancio e i rispettivi criteri di ammortamento.	Per gli oneri pluriennali occorre specificare le ragioni della loro patrimonializzazione, indicando le motivazioni che hanno indotto gli amministratori a ritenere che i costi in questione abbiano un'utilità pluriennale e il preventivo consenso del collegio sindacale.
3-*bis*	La misura e le motivazioni delle riduzioni di valore applicate alle immobilizzazioni immateriali di durata indeterminata.	Occorre chiarire i motivi che hanno indotto gli amministratori a svalutare le immobilizzazioni immateriali di lunga durata, facendo riferimento alla futura utilizzazione e produzione di reddito e alla durata.

4	Le variazioni intervenute nella consistenza delle voci dell'attivo e del passivo, in particolare le utilizzazioni e gli accantonamenti relativi ai fondi e al trattamento di fine rapporto di lavoro.	Sono richiesti i movimenti intervenuti nelle singole voci di attivo e di passivo, che siano significativi ai fini dell'informativa. La norma richiede in particolare un dettaglio delle utilizzazioni e degli accantonamenti dei fondi per rischi e oneri.
5	L'elenco delle partecipazioni in imprese controllate e collegate possedute direttamente oppure tramite società fiduciaria o per interposta persona. L'indicazione per ciascuna società partecipata della denominazione, del capitale sociale, dell'importo del patrimonio netto, dell'utile o della perdita dell'ultimo esercizio, della quota posseduta e del valore attribuito in bilancio o del corrispondente credito.	Questa norma ha lo scopo di fornire, nell'ottica della trasparenza dei rapporti tra imprese, un'informativa sulle partecipazioni detenute. Essa si integra con l'art. 2429 c.c. che richiede di allegare al bilancio: - le copie integrali dell'ultimo bilancio delle società controllate; - un prospetto riepilogativo dei dati essenziali dell'ultimo bilancio delle società collegate.
6	L'ammontare dei crediti e dei debiti di durata residua superiore a 5 anni. I debiti assistiti da garanzie reali e sui beni sociali, con indicazione del tipo di garanzia.	Questo punto della nota integrativa offre dati indubbiamente significativi sulla situazione finanziaria della società, che spesso non è di immediata percezione dalla lettura dei bilanci.
6-*bis*	Le variazioni nei cambi valutari.	Effetti significativi delle variazioni nei cambi valutari verificatisi dopo la chiusura dell'esercizio.
6-*ter*	L'ammontare di crediti e debiti che prevedono l'obbligo di retrocessione a termine.	Ammontare dei contratti pronti contro termine.
7	La composizione delle voci "Ratei e risconti", "Altri fondi" e "Altre riserve".	L'informativa si rende obbligatoria quando l'ammontare di queste voci è apprezzabile.
7-*bis*	Le voci del patrimonio netto.	Devono essere analiticamente indicate, in appositi prospetti, riguardo alla loro origine, alle possibilità di utilizzazione e distribuzione ecc.
8	L'ammontare degli oneri finanziari imputati ai valori iscritti nell'attivo.	La norma richiede la specifica dell'eventuale patrimonializzazione di oneri finanziari alle immobilizzazioni per costruzioni interne oppure ai lavori in corso su ordinazione di lunga durata.
9	L'importo complessivo degli impegni, delle garanzie e delle passività potenziali, specificando quelli relativi a imprese controllate e collegate, controllanti e da queste ultime controllate.	Si tratta di impegni non iscrivibili tra le passività in bilancio.
10	La ripartizione dei ricavi per attività e per area geografica, se la ripartizione è significativa.	Questa ripartizione può essere fornita suddividendo ricavi non solo per attività o per area geografica, ma per tipologia della clientela o per canali della distribuzione.
11	L'ammontare dei proventi da partecipazione diversi dai dividendi.	Questi proventi possono scaturire dalla vendita di diritti di opzione non utilizzati o dalle plusvalenze da alienazione di partecipazioni.

Scheda 38

12	La suddivisione degli interessi e degli altri oneri finanziari indicando quelli relativi a prestiti obbligazionari, a debiti verso banche e altri.	In questo punto deve essere specificata la voce sintetica di Conto economico mettendo in evidenza gli interessi e gli oneri derivanti dall'indebitamento a breve e a medio-lungo termine.
13	L'importo e la natura dei singoli elementi di ricavo o di costo di entità o incidenza eccezionali.	L'informativa richiesta riguarda, oltre la specifica della voce di Conto economico, anche la motivazione della estraneità alla gestione ordinaria.
14	Si chiede che un apposito prospetto contenga: - la descrizione della rilevazione delle imposte differite e anticipate (specificando l'aliquota applicata, le variazioni rispetto all'esercizio precedente, gli importi accreditati o addebitati a patrimonio netto ecc.); - l'ammontare delle imposte anticipate relative a perdite dell'esercizio o di esercizi precedenti.	Questo punto riguarda l'analisi delle imposte anticipate e differite inserite nel bilancio.
15	Il numero medio dei dipendenti ripartito per categorie.	Il numero medio dei dipendenti si ottiene rielaborando, con una media aritmetica ponderata, i dati rilevabili dal libro matricola, cosi come, dallo stesso registro, si ottiene la ripartizione per categoria.
16	L'ammontare dei compensi spettanti agli amministratori e ai sindaci.	Ai fini della determinazione dei compensi occorre prendere in considerazione ogni forma di compenso di competenza dell'esercizio.
16-*bis*	L'importo dei corrispettivi annuali spettanti al revisore legale, alla società di revisione, al consulente fiscale.	Ai fini della determinazione dei compensi occorre prendere in considerazione ogni forma di compenso di competenza dell'esercizio.
17	Il numero e il valore nominale di ciascuna categoria delle azioni della società e di quelle sottoscritte nell'esercizio.	In questo punto occorre specificare la composizione del capitale sociale secondo il tipo di categoria di azione in circolazione.
18	Le azioni di godimento, le obbligazioni convertibili in azioni e i titoli o valori simili emessi dalla società, specificando il loro numero e i diritti che attribuiscono.	Particolarmente importante in questo punto è l'indicazione dei diritti che attribuiscono i titoli specificati.
19	Il numero e le caratteristiche degli altri strumenti finanziari emessi dalla società.	
19-*bis*	I finanziamenti effettuati dai soci alla società.	In particolare è opportuno indicare se si tratta di finanziamenti fruttiferi o infruttiferi di interessi. Qualora i finanziamenti siano fruttiferi, vanno fornite informazioni circa il tasso di interesse applicato e la periodicità di corresponsione degli interessi.
20	I dati relativi ai beni e ai rapporti giuridici compresi in ciascun patrimonio destinato a uno specifico affare, costituito dalla società.	La società può costituire un particolare patrimonio destinato a uno specifico affare di cui si devono fornire informazioni a riguardo.
21	Si richiedono indicazioni circa i proventi e i beni dei patrimoni destinati a specifici affari.	

22	In un apposito prospetto vanno inseriti i dati dettagliati relativi a contratti di leasing stipulati dalla società.	Si richiedono dettagliate informazioni sulle operazioni di locazione finanziaria, attraverso un apposito prospetto dal quale risulti: - il valore attuale delle rate di canone non scadute, determinate utilizzando tassi di interesse pari all'onere finanziario effettivo; - l'onere finanziario effettivo attribuibile ai singoli contratti e riferibile all'esercizio; - l'ammontare complessivo al quale i beni oggetto di locazione sarebbero stati iscritti tra le immobilizzazioni; - gli ammortamenti, le rettifiche e le riprese di valore, che sarebbero stati inerenti all'esercizio.
22-*bis*	Le operazioni realizzate con le parti correlate.	Si richiede di precisare l'importo, la natura del rapporto e ogni altra informazione necessaria per la comprensione del bilancio relativa a tali operazioni, qualora le stesse siano rilevanti e non siano state concluse a normali condizioni di mercato.
22-*ter*	La natura e l'obiettivo economico di accordi non evidenziati nello Stato patrimoniale.	L'informativa deve riguardare la natura e l'obiettivo economico di accordi non risultanti dallo Stato patrimoniale, con indicazione del relativo effetto patrimoniale, finanziario ed economico.
22-*quater*	La natura e l'effetto patrimoniale, finanziario ed economico dei fatti di rilievo avvenuti dopo la chiusura dell'esercizio.	
22-*quinquies* 22-*sexies*	Il nome e la sede legale della società che redige il bilancio consolidato, nonché il luogo in cui è disponibile la copia dello stesso.	
22-septies	La proposta di destinazione degli utili o di copertura delle perdite.	

I principi contabili forniscono ulteriori dettagli circa le informazioni da indicare nella nota integrativa, e precisamente:

- le operazioni intercorse con i dirigenti, gli amministratori, i sindaci e i soci della società o di imprese collegate, purché di ammontare significativo o di particolare rilevanza;
- un prospetto dal quale risultino le variazioni intervenute in tutte le voci del patrimonio netto e in particolare i valori dei singoli conti all'inizio dell'esercizio, il dettaglio dei movimenti senza compensazioni tra variazioni di segno opposto relative a singole voci, i valori dei singoli conti alla fine dell'esercizio;
- la composizione delle voci "Altri ricavi e proventi" e "Oneri diversi di gestione".

N

Nota integrativa e relazione sulla gestione delle banche

Scheda 39

Il contenuto della **nota integrativa** delle banche è disciplinato sostanzialmente dall'art. 21 del d.lgs. 18 agosto 2015 n. 136. La nota integrativa è suddivisa in sezioni, che illustrano i singoli aspetti della gestione aziendale.

Il contenuto della nota integrativa delle banche è molto più ampio e articolato di quello delle altre società di capitali. Comprende infatti molte informazioni dettagliate: le articolazioni e le riclassificazioni delle voci dello Stato patrimoniale e del Conto economico, i criteri di valutazione utilizzati e informazioni su amministratori e sindaci e sull'eventuale capogruppo controllante.

Oltre a tali informazioni, l'art. 21 del d.lgs. 18 agosto 2015 n. 136 prevede che la nota integrativa indichi le informazioni contenute nella tabella che segue.

Sezione A	Le politiche contabili adottate.
Sezione B	Il nome e la sede legale di ciascuna delle imprese nelle quali la banca possiede una partecipazione (direttamente o tramite una persona che agisce a nome proprio ma per conto della banca stessa), precisando la frazione del capitale posseduto, l'importo del patrimonio netto e dell'utile o della perdita dell'ultimo esercizio dell'impresa interessata per la quale è stato approvato il bilancio. L'indicazione del patrimonio netto, dell'utile o della perdita può anche essere omessa, qualora l'impresa interessata non pubblichi il suo Stato patrimoniale e non sia controllata dalla banca.
Sezione C	L'ammontare dei compensi spettanti agli amministratori e ai sindaci nonché i crediti erogati e le garanzie prestate in loro favore, cumulativamente per ciascuna categoria, precisando il tasso d'interesse, le principali condizioni e gli importi eventualmente rimborsati, cancellati o oggetto di rinuncia, nonché gli impegni assunti per loro conto per effetto di garanzie di qualsiasi tipo prestate, precisando il totale per ciascuna categoria.
Sezione D	Il numero medio dei dipendenti, ripartito per categoria.
Sezione E	Il numero e il valore nominale di ciascuna categoria di azioni o quote dell'ente e il numero e il valore nominale delle nuove azioni o quote sottoscritte durante l'esercizio.
Sezione F	Le azioni di godimento, le obbligazioni convertibili in azioni, i warrants, le opzioni e i titoli o valori simili emessi dalla banca, specificando il loro numero e i diritti che essi attribuiscono.
Sezione G	I crediti in sofferenza e quelli per interessi di mora.
Sezione H	Per ciascuna categoria di strumenti finanziari derivati: 1) il loro *fair value*; 2) informazioni sulla loro entità e sulla loro natura.
Sezione I	Per le immobilizzazioni finanziarie iscritte a un valore superiore rispetto alle relative quotazioni di mercato (immobilizzazioni rappresentate da titoli quotati) o all'andamento di mercato (altre immobilizzazioni), con esclusione delle partecipazioni in società controllate e collegate e delle partecipazioni a controllo congiunto: 1) il valore contabile e il valore derivante dall'applicazione del criterio di valutazione di cui sopra, delle singole attività o di appropriati raggruppamenti di tali attività; 2) i motivi per i quali il valore contabile non è stato ridotto, inclusa la natura degli elementi sostanziali sui quali si basa il convincimento che tale valore possa essere recuperato.

Sezione L	Le operazioni con parti correlate di importo rilevante, non concluse a normali condizioni di mercato, la natura del rapporto, e ogni altra informazione relativa a tali operazioni necessaria per la comprensione del bilancio, nonché gli effetti delle operazioni medesime sulla situazione patrimoniale e finanziaria e sul risultato economico della società.
Sezione M	La natura e l'obiettivo commerciale di accordi non risultanti dallo Stato patrimoniale, con indicazione del loro effetto patrimoniale, finanziario ed economico, a condizione che i rischi e i benefici da essi derivanti siano significativi e l'indicazione degli stessi sia necessaria per valutare la situazione patrimoniale e finanziaria e il risultato economico della società.
Sezione N	La natura e l'effetto patrimoniale, finanziario ed economico dei fatti di rilievo avvenuti dopo la chiusura dell'esercizio.
Sezione O	Il nome e la sede legale dell'impresa controllante che redige il bilancio consolidato in cui l'impresa è inclusa in quanto impresa controllata, nonché il luogo in cui è disponibile la copia del bilancio consolidato.
Sezione P	La proposta di destinazione degli utili o di copertura delle perdite.

La **relazione sulla gestione** deve fornire un'analisi fedele, equilibrata ed esauriente della situazione dell'impresa e dell'andamento e del risultato della gestione, nonché una descrizione dei principali rischi e incertezze cui l'impresa è esposta.

La relazione deve contenere, in ogni caso:
- le attività di ricerca e di sviluppo, in riferimento alla futura attività, in coerenza con lo sviluppo dei programmi e con l'andamento della gestione;
- il numero e il valore nominale sia delle azioni sia delle quote dell'impresa controllante detenute in portafoglio, di quelle acquistate e di quelle alienate nel corso dell'esercizio, le corrispondenti quote di capitale sottoscritto, i motivi degli acquisti e delle alienazioni e i corrispettivi;
- l'evoluzione prevedibile della gestione;
- i rapporti verso le imprese del gruppo, distinguendo fra imprese controllate, controllanti e sottoposte al controllo di queste ultime, nonché i rapporti verso le collegate;
- gli obiettivi e le politiche dell'impresa in materia di gestione del rischio finanziario, compresa la politica di copertura per ciascuna principale categoria di operazioni previste;
- l'esposizione dell'impresa al rischio di prezzo, di credito, di liquidità e di variazione dei flussi finanziari.

La relazione sulla gestione consolidata e la relazione sulla gestione dell'impresa possono essere presentate in un unico documento, dando maggiore rilievo, ove opportuno, alle questioni che sono rilevanti per il complesso delle imprese incluse nel consolidamento.

O

Organi sociali nelle società di capitali

Scheda 40

L'assemblea dei soci

L'**assemblea dei soci** è l'organo di vertice delle società di capitali alla cui competenza sono riservate le decisioni più rilevanti. La sua **competenza** è detta **speciale**, in quanto non può deliberare su materie diverse da quelle esplicitamente indicate dalla legge o dal contratto sociale o che non siano state a essa sottoposte dagli amministratori.

Gli amministratori hanno l'obbligo di convocare l'assemblea entro 120 giorni dalla chiusura dell'esercizio, per decidere riguardo all'approvazione del bilancio e alla destinazione dell'utile.

CONDIZIONI NECESSARIE ALLE DELIBERAZIONI	
Regolare costituzione dell'assemblea	Rispetto delle formalità previste (fra cui l'ordine del giorno).
Quorum costitutivo	Presenza di un numero di soci pari a una certa quota minima di diritti di voto.

La deliberazione viene assunta esprimendo un voto su un testo che ne riassume il contenuto e che, se approvato, andrà riportato nel verbale delle deliberazioni e trascritto nel libro delle assemblee. La votazione avviene in genere per alzata di mano: il presidente effettua il conteggio dei voti spettanti a ciascun socio.

L'esito della votazione dipende dal superamento di una certa soglia percentuale (**quorum deliberativo**) da parte dei voti favorevoli.

In base al tipo di decisione sottoposta ad approvazione si distinguono in assemblea ordinaria e straordinaria.

I due tipi di assemblea hanno diverse modalità di funzionamento:
- nelle formalità di convocazione;
- nei quorum costitutivi e deliberativi (più elevati per l'assemblea straordinaria);
- nelle formalità di stesura del verbale (redatto da un notaio per l'assemblea straordinaria);
- nella diversa legittimazione al voto dei soci (le azioni ordinarie danno diritto al voto su tutte le deliberazioni assembleari, mentre alcuni tipi di azioni privilegiate danno diritto di voto nella sola assemblea straordinaria).

L'organo amministrativo

Il **consiglio di amministrazione** è l'organo composto dall'insieme degli amministratori, incaricato di dare attuazione alle deliberazioni dell'assemblea e di gestire l'impresa per conto dei soci. Generalmente nelle aziende di minori dimensioni esiste un solo amministratore (**amministratore unico**).

Gli amministratori sono nominati attraverso una delibera dell'assemblea ordinaria e restano in carica per un periodo non superiore a tre esercizi, pur essendo rieleggibili.

CONDIZIONI NECESSARIE ALLE DELIBERAZIONI	
Regolare convocazione del consiglio	Rispetto delle formalità previste.
Numero di presenze	Presenza di almeno la metà più uno degli amministratori.

La deliberazione consiliare viene assunta quando si esprime in senso favorevole la maggioranza dei consiglieri presenti. In caso di parità, prevale in genere la decisione per la quale si è espresso il presidente. Le riunioni sono verbalizzate e riportate nel libro delle adunanze e delle deliberazioni del consiglio di amministrazione.

Il consiglio di amministrazione può delegare la gestione operativa a uno o più dei suoi membri (**amministratori delegati**). Se la delega riguarda materie sulle quali essi possono deliberare solo in modo collegiale, essi costituiscono un **comitato esecutivo**.

Gli organi di controllo

Il **collegio sindacale** è l'organo incaricato di controllare la legittimità dell'operato degli amministratori (nel senso di conformità alla legge e alle clausole del contratto di società) e di accertare che la contabilità sia regolarmente tenuta e che il bilancio d'esercizio sia redatto dagli amministratori nel rispetto delle norme che lo disciplinano.

I membri sono scelti dall'assemblea tra gli iscritti nel registro dei revisori contabili istituito presso il Ministero della giustizia. Restano in carica per tre anni e annualmente (nella seduta dedicata all'approvazione del bilancio) riferiscono all'assemblea sugli esiti dei controlli effettuati.

Le riunioni sono verbalizzate e riportate nel libro delle adunanze e delle deliberazioni del collegio sindacale.

MODALITÀ OPERATIVE DEL COLLEGIO SINDACALE	
Verifiche trimestrali presso gli uffici della società	Controlli sulla regolare tenuta della contabilità, il tempestivo adempimento degli obblighi fiscali e previdenziali, la consistenza di cassa, l'esistenza dei valori e dei titoli di proprietà sociale ecc.
Controllo degli organi amministrativi	Partecipazione alle riunioni del consiglio di amministrazione e del comitato esecutivo per vigilare sulla legittimità delle loro deliberazioni.
Controlli individuali	Da effettuarsi se necessario.

Le **società quotate in borsa** sono sottoposte a controlli di tipo diverso e più penetrante, anche da parte di soggetti esterni alla società, quali la **Consob** (Commissione Nazionale per le Società e la Borsa) e la **società di revisione**, che si sostituisce al collegio sindacale nello svolgimento dei controlli sulla contabilità e sul bilancio.

Orientamento strategico di fondo

Scheda 41

L'approccio strategico

La **strategia** consiste nell'insieme di comportamenti imprenditoriali che, nel lungo periodo, delineano l'indirizzo gestionale mediante il coordinamento degli obiettivi primari.

Questa visione della strategia è di natura statica e valorizza la capacità previsionale di lungo termine, con conseguenti riflessi sia sugli obiettivi sia sulle azioni che caratterizzano l'evoluzione dell'impresa.

L'approccio dinamico al concetto di strategia mette invece in relazione due diverse variabili:
- le previsioni intenzionali del top management;
- il comportamento concreto.

In tal senso, è possibile distinguere la strategia intenzionale, fissata a priori e la strategia effettivamente realizzata a posteriori.

L'**orientamento strategico di fondo** è una componente nascosta dell'attività d'impresa, spesso di non facile rappresentazione, in grado di condizionarne gli aspetti più critici attraverso la definizione dell'identità e del ruolo assunto nel contesto competitivo. In pratica, l'orientamento strategico di fondo coincide con l'idea imprenditoriale e con il relativo valore.

La definizione dell'orientamento strategico di fondo si articola in più fasi.

Analisi dell'ambiente esterno	È finalizzata alla corretta individuazione della concorrenza e dell'andamento del mercato.
Analisi delle risorse interne	Ha lo scopo di individuare i punti di forza da sfruttare e i punti di debolezza da superare.
Analisi delle finalità d'impresa	Ha lo scopo di ricercare un vantaggio competitivo e di soddisfare i bisogni sociali avvertiti dagli *stakeholder*.

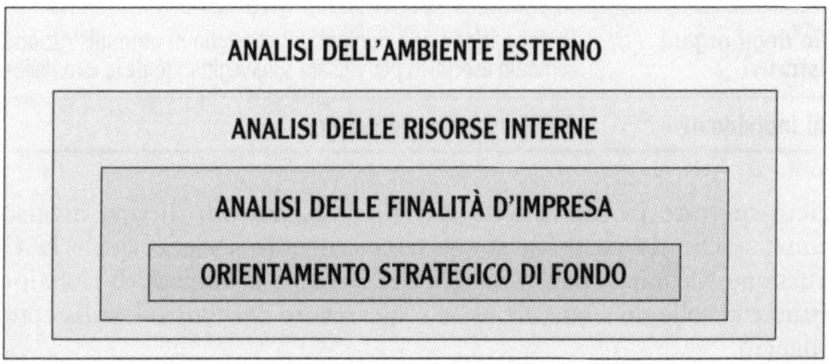

L'analisi dell'ambiente esterno

L'analisi dell'ambiente esterno si basa essenzialmente sulla definizione della struttura competitiva individuata in sede di progettazione dell'idea imprenditoriale. Il modello più utilizzato nella pratica al fine di analizzare le opportunità offerte dal mercato e le minacce che ne possono scaturire è il **modello di Porter**.

Esso presuppone che vi siano cinque forze interagenti che consentono di definire il livello di attrattività di un settore:

- i **concorrenti diretti** (maggiore è la concorrenza all'interno del settore, minore è il grado di attrazione dello stesso);
- i **fornitori** (un settore è attrattivo se vi è un elevato numero di fornitori, che consente all'impresa di scegliere le migliori condizioni di offerta ed efficienza);
- i **clienti** (maggiore è la concentrazione della domanda, minore è la forza contrattuale dell'impresa e di conseguenza peggiori sono le condizioni di scambio per il venditore);
- i **produttori sostitutivi** (si tratta di coloro che possono offrire beni in grado di soddisfare i medesimi bisogni. Un mercato caratterizzato da un elevato numero di produttori sostitutivi implica una concorrenza più accentuata con conseguente minore protezione dei prodotti offerti);
- i **concorrenti potenziali** (si tratta delle imprese che, pur operando in settori diversi, potrebbero decidere di competere direttamente).

L'analisi delle risorse interne

L'orientamento strategico non può basarsi unicamente su fattori esterni all'impresa, ma deve tener conto anche delle risorse interne ossia di ogni input (materiale, immateriale o umano) che può essere immesso nei processi aziendali. L'impresa deve valorizzare le cosiddette **competenze distintive**, cioè le risorse che consentono all'impresa di avere un vantaggio competitivo rispetto alla concorrenza.

Piano dei conti

Scheda 42

Il **piano dei conti**, che viene tenuto nell'ambito della contabilità generale in partita doppia, serve a rendere più agevole la stesura dello S.P. e del C.E. a fine esercizio. Comprende il quadro dei conti (elenco dei conti, ognuno dei quali è identificato da un codice) e le note illustrative, in cui sono definiti i valori rientranti nei conti, le regole e le procedure di funzionamento delle varie classi di conti.

CONTI DELLO STATO PATRIMONIALE

Codice	Descrizione
01	**Attivo**
01.00	**Crediti v/soci per vers. ancora dovuti**
01.00.001	Azionisti c/sottoscrizione
01.00.002	Azionisti c/versamenti richiamati
01.00.003	Azionisti c/reintegri
01.01	**Immobilizzazioni immateriali**
01.01.001	Costi di impianto
01.01.002	Costi di ampliamento
01.01.003	Costi di ricerca e sviluppo
01.01.004	Costi di pubblicità
01.01.005	Brevetti
01.01.006	Software
01.01.007	Concessioni e licenze
01.01.008	Avviamento
01.01.009	Immobiliz. Imm. in corso
01.01.010	Acconti
01.01.011	Oneri pluriennali
01.01.012	F.do amm.to costi di impianto
01.01.013	F.do amm.to costi di ampliam.
01.01.014	F.do amm.to costi di ricerca e sviluppo
01.01.015	F.do amm.to costi di pubblicità
01.01.016	F.do amm.to brevetti
01.01.017	F.do amm.to software
01.01.018	F.do amm.to concessioni e licenze
01.01.019	F.do amm.to avviamento
01.01.020	F.do amm.to oneri pluriennali
01.02	**Immobilizzazioni materiali**
01.02.001	Terreni
01.02.002	Fabbricati
01.02.003	Impianti e macchinario
01.02.004	Attrezz. industriali
01.02.005	Attrezz. commerciali
01.02.006	Macchine d'ufficio
01.02.007	Mobili e arredi
01.02.008	Automezzi
01.02.009	Imballaggi durevoli
01.02.010	Altre immobilizzazioni materiali
01.02.011	Acconti su immobilizzazioni materiali
01.02.012	Immobiliz. materiali in corso
01.02.013	F.do amm.to fabbricati
01.02.014	F.do amm.to impianti e macchinario
01.02.015	F.do amm.to attrezzature industriali
01.02.016	F.do amm.to attrezzature commerciali
01.02.017	F.do amm.to macchine d'ufficio
01.02.018	F.do amm.to mobili e arredi
01.02.019	F.do amm.to automezzi
01.02.020	F.do amm.to imballaggi durevoli
01.02.021	F.do amm.to altre immobilizzazioni materiali
01.03	**Immobilizzazioni finanziarie**
01.03.001	Partecipaz. in imprese controllate
01.03.002	Partecipaz. in imprese collegate

Codice	Descrizione	Codice	Descrizione
01.03.003	Partecipazioni in imprese controllanti	01.06.008	Crediti per ritenute subite
01.03.004	Partecipazioni in altre imprese	01.06.009	Crediti v/enti previdenziali e assistenziali
01.03.005	Titoli immobilizzati	01.06.010	Crediti per cauzioni
01.03.006	Azioni proprie	01.06.011	Obbligaz. c/sottoscrizione
01.03.007	Finanziamenti a terzi	01.06.012	Altri crediti
		01.06.013	Personale c/acconti
01.04	**Rimanenze**		
01.04.001	Materie prime	**01.07**	**Attività finanziarie non immobilizzate**
01.04.002	Materie sussidiarie		
01.04.003	Materie di consumo	01.07.001	Partecipazioni
01.04.004	Prodotti in corso di lavorazione	01.07.002	Titoli
01.04.005	Semilavorati	01.07.003	Azioni proprie
01.04.006	Merci	01.07.004	Azioni proprie da annullare
01.04.007	Prodotti finiti	01.07.005	Obbligazioni
01.04.008	Lavori in corso su ordinazione		
01.04.009	Lavori propri in corso	**01.08**	**Disponibilità liquide**
01.04.010	Fornitori c/acconti	01.08.001	Banche c/c attivi
		01.08.002	Banca c/c vincolato
01.05	**Crediti commerciali**	01.08.003	Poste Italiane c/c attivo
01.05.001	Crediti v/clienti	01.08.004	Cassa assegni
01.05.002	Crediti commerciali diversi	01.08.005	Cassa contanti
01.05.003	Clienti c/acconti	01.08.006	Cassa valori bollati
01.05.004	Fatture da emettere		
01.05.005	Cambiali attive	**01.09**	**Ratei e risconti attivi**
01.05.006	Cambiali allo sconto	01.09.001	Ratei attivi
01.05.007	Cambiali all'incasso	01.09.002	Risconti attivi
01.05.008	Effetti al salvo buon fine	01.09.003	Disaggio su prestiti
01.05.009	Cambiali insolute		
01.05.010	Crediti insoluti	**02**	**Passivo**
01.05.011	Crediti da liquidare	**02.01**	**Patrimonio netto**
01.05.012	F.do svalutazione crediti	02.01.001	Capitale sociale
01.05.013	F.do rischi su crediti	02.01.002	Riserva legale
		02.01.003	Riserva statutaria
01.06	**Crediti diversi**	02.01.004	Riserva straordinaria
01.06.001	Iva a credito	02.01.005	Riserva sovrapprezzo azioni
01.06.002	Iva c/acconto	02.01.006	Riserva da partecipazioni
01.06.003	Credito Ires	02.01.007	Riserva per azioni proprie in portafoglio
01.06.004	Credito Irap		
01.06.005	Acconto Ires	02.01.008	Riserva da annullamento azioni
01.06.006	Acconto Irap	02.01.009	Soci c/versamenti per futuro aumento capitale
01.06.007	Attività per imposte anticipate		

Scheda 42

Codice	Descrizione	Codice	Descrizione
02.01.010	Soci c/versamento in conto capitale	**02.05**	**Debiti commerciali**
02.01.011	Riserva da rivalutazione	02.05.001	Debiti v/fornitori nazionali
02.01.012	Utile d'esercizio	02.05.002	Debiti v/fornitori esteri
02.01.013	(Perdita d'esercizio)	02.05.003	Fatture da ricevere
02.01.014	Utile portato a nuovo	02.05.004	Effetti passivi
02.01.015	Azionisti c/acconti su dividendi	02.05.005	Acconti da clienti
02.01.016	(Perdite portate a nuovo)	02.05.006	Altri debiti commerciali
		02.06	**Debiti tributari**
02.02	**Fondi per rischi e oneri**	02.06.001	Iva a debito
02.02.001	F.do per imposte	02.06.002	Erario c/Ires a debito
02.02.002	F.do per imposte differite	02.06.003	Erario c/Irap a debito
02.02.003	F.do per rischi su cambi	02.06.004	Erario c/ritenute di lavoro dipendente e assimilato
02.02.004	F.do per manutenzioni e riparazioni	02.06.005	Erario c/ritenute di lavoro autonomo
02.02.005	F.do per trattamento di quiescenza	02.06.006	Altri debiti tributari
02.02.006	F.do per oneri e spese future		
02.02.007	F.do per trattamento fine mandato	**02.07**	**Debiti diversi**
02.02.008	Altri fondi	02.07.001	Debiti v/enti previdenziali
		02.07.002	Debiti v/enti assistenziali
02.03	**Trattamento di fine rapporto**	02.07.003	Personale c/retribuzioni
02.03.001	Debito per TFR	02.07.004	Personale c/liquidazioni
		02.07.005	Azionisti c/dividendi
02.04	**Debiti finanziari**	02.07.006	Azionisti c/rimborsi
02.04.001	Finanziamenti bancari	02.07.007	Azionisti c/azioni estratte
02.04.002	Sovvenzioni bancarie	02.07.008	Obbligaz. c/interessi
02.04.003	Sovvenzioni cambiarie	02.07.009	Obbligaz. c/rimborsi
02.04.004	Banche c/c passivi	02.07.010	Obbligaz. c/obbligazioni estratte
02.04.005	Banche c/anticipi su ricevute	02.07.011	Amministratori c/compensi
02.04.006	Banche c/anticipi su fatture	02.07.012	Sindaci c/compensi
02.04.007	Banche c/anticipi su effetti	02.07.013	Debiti per cauzioni ricevute
02.04.008	Banche c/sovvenzioni	02.07.014	Altri debiti diversi
02.04.009	Mutui ipotecari		
02.04.010	Mutui chirografari	**02.08**	**Ratei e risconti passivi**
02.04.011	Soci c/finanziamenti	02.08.001	Ratei passivi
02.04.012	Prestiti obbligazionari	02.08.002	Risconti passivi
02.04.013	Prestiti obbligazionari convertibili	02.08.003	Aggio su prestiti
02.04.014	Altri finanziamenti non bancari		

CONTI D'ORDINE

Codice	Descrizione	Gruppo
03.01	**Conti d'ordine**	
03.01.001	Merci da ricevere	**Impegni**
03.01.002	Fornitori c/impegni	**Impegni**
03.01.003	Merci da consegnare	**Impegni**
03.01.004	Clienti c/impegni	**Impegni**
03.01.005	Canoni leasing da corrispondere	**Impegni**
03.01.006	Società di leasing c/impegni	**Impegni**
03.01.007	Beni di terzi	**Beni di terzi**
03.01.008	Depositanti beni	**Beni di terzi**
03.01.009	Depositari nostri beni in lavorazione	**Beni presso terzi**
03.01.010	Depositari nostri beni presso terzi	**Beni presso terzi**
03.01.011	Rischi fideiussioni	**Rischi**
03.01.012	Creditori per fideiussioni	**Rischi**
03.01.013	Rischi per avalli	**Rischi**
03.01.014	Creditori per avalli	**Rischi**
03.01.015	Rischi per ipoteche	**Rischi**
03.01.016	Creditori per ipoteche	**Rischi**
03.01.017	Rischi per effetti allo sconto	**Rischi**
03.01.018	Banche c/effetti allo sconto	**Rischi**
03.01.019	Rischi per effetti ceduti	**Rischi**
03.01.020	Creditori per effetti ceduti	**Rischi**

CONTI DEL CONTO ECONOMICO

Codice	Descrizione	Codice	Descrizione
03	**Componenti positivi di reddito**	**03.03**	**Variazioni delle rimanenze**
03.01	**Ricavi delle vendite e delle prestazioni**	03.03.001	Esistenze iniziali prodotti in lavorazione
03.01.001	Merci c/vendite	03.03.002	Esistenze iniziali semilavorati
03.01.002	Prodotti finiti c/vendite	03.03.003	Esistenze iniziali prodotti finiti
03.01.003	Ricavi da prestazioni di servizi	03.03.004	Rimanenze finali prodotti in lavorazione
03.01.004	Rimborso spese di trasporto	03.03.005	Rimanenze finali semilavorati
03.01.005	Resi su vendite	03.03.006	Rimanenze finali prodotti finiti
03.01.006	Ribassi e abbuoni passivi	03.03.007	Esistenze iniziali lavori in corso su ordinazione
03.01.007	Premi su vendite	03.03.008	Rimanenze finali lavori in corso su ordinazione
03.02	**Incrementi di immobilizzazioni per lavori interni**	03.03.009	Esistenze iniziali lavori propri in corso
03.02.001	Costruzioni in economia		

Scheda 42

Codice	Descrizione	Codice	Descrizione
03.03.010	Rimanenze finali lavori propri in corso	04.01.005	Resi su acquisti
03.04	**Ricavi e proventi diversi**	04.01.006	Ribassi e abbuoni attivi
03.04.001	Fitti attivi	04.01.007	Sconti attivi
03.04.002	Arrotondamenti attivi	04.01.008	Premi su acquisti
03.04.003	Sopravvenienze attive ordinarie	**04.02**	**Costi per servizi**
03.04.004	Plusvalenze ordinarie	04.02.001	Servizi di trasporto
03.04.005	Proventi diversi	04.02.002	Servizi postali e di affrancatura
		04.02.003	Servizi telefonici
03.05	**Proventi finanziari**	04.02.004	Energia elettrica
03.05.001	Dividendi su partecipaz. in imprese controllate	04.02.005	Manutenzioni e riparazioni
		04.02.006	Pubblicità
03.05.002	Dividendi su partecipaz. in imprese collegate	04.02.007	Provvigioni passive
		04.02.008	Pulizia locali
03.05.003	Dividendi su partecipaz. in imprese controllanti	04.02.009	Vigilanza
		04.02.010	Assicurazioni
03.05.004	Dividendi su partecipaz. in altre imprese	04.02.011	Compensi ad amministratori
		04.02.012	Compensi a sindaci
03.05.005	Interessi attivi su c/c bancari	04.02.013	Compensi a professionisti
03.05.006	Interessi attivi su c/c postali	04.02.014	Compensi a collaboratori
03.05.007	Interessi attivi da clienti	04.02.015	Spese bancarie
03.05.008	Interessi attivi di mora	04.02.016	Spese per servizi postali
03.05.009	Interessi attivi da soci	04.02.017	Oneri contributivi diversi
03.05.010	Interessi attivi su titoli		
03.05.011	Utili su titoli	**04.03**	**Costi per godimento beni di terzi**
03.05.012	Proventi finanziari diversi	04.03.001	Fitti passivi
		04.03.002	Canoni di leasing
03.06	**Proventi straordinari**		
03.06.001	Plusvalenze straordinarie	**04.04**	**Costi per il personale**
03.06.002	Sopravvenienze attive straordinarie	04.04.001	Salari e stipendi
		04.04.002	Oneri sociali
03.06.003	Rivalutazioni immobiliz. materiali	04.04.003	Trattamento di fine rapporto
04	**Componenti negativi di reddito**	**04.05**	**Amm.to immobilizzazioni immateriali**
04.01	**Costi per acquisti**		
04.01.001	Merci c/acquisti	04.05.001	Amm.to costi di impianto
04.01.002	Materie di consumo c/acquisti	04.05.002	Amm.to costi di ampliamento
04.01.003	Materie sussidiarie c/acquisti	04.05.003	Amm.to costi di ricerca e sviluppo
04.01.004	Materie prime c/acquisti		

CONTI DELLO STATO PATRIMONIALE

Codice	Descrizione
04.05.004	Amm.to costi di pubblicità
04.05.005	Amm.to brevetti
04.05.006	Amm.to software
04.05.007	Amm.to concessioni e licenze
04.05.008	Amm.to avviamento
04.06	**Amm.to immobilizzazioni materiali**
04.06.001	Amm.to fabbricati
04.06.002	Amm.to impianti e macchinario
04.06.003	Amm.to attrezzature industriali
04.06.004	Amm.to attrezzature commerciali
04.06.005	Amm.to macchine d'ufficio
04.06.006	Amm.to mobili e arredi
04.06.007	Amm.to automezzi
04.06.008	Amm.to imballaggi durevoli
04.06.009	Amm.to altre immobilizzazioni materiali
04.07	**Svalutazioni**
04.07.001	Svalutazione immobilizzazioni immateriali
04.07.002	Svalutazione immobilizzazioni materiali
04.07.003	Svalutazione crediti
04.08	**Variazione rimanenze**
04.08.001	Esistenze iniziali di materie prime
04.08.002	Esistenze iniz. di mat. sussidiarie
04.08.003	Esistenze iniz. di mat. di consumo
04.08.004	Esistenze iniziali di merci
04.08.005	Rimanenze finali di mat. prime
04.08.006	Rimanenze fin. di mat. sussidiarie
04.08.007	Rimanenze fin. di mat. di consumo
04.08.008	Rimanenze finali di merci
04.09	**Accantonamenti a fondi rischi e oneri**
04.09.001	Accantonamento a F.do per imposte
04.09.002	Accantonamento a F.do per responsabilità civile
04.09.003	Accantonamento manutenzioni cicliche
04.09.004	Accantonamento a F.do per concorsi a premio
04.10	**Oneri finanziari**
04.10.001	Interessi passivi a banche
04.10.002	Interessi passivi a fornitori
04.10.003	Interessi di mora
04.10.004	Commissione di massimo scoperto o simili
04.11	**Oneri diversi di gestione**
04.11.001	Imposte e tasse diverse
04.11.002	Diritti doganali
04.11.003	Perdite su crediti
04.11.004	Arrotondamenti passivi
04.11.005	Sopravvenienze passive ordinarie
04.11.006	Minusvalenze ordinarie
04.11.007	Erogazioni liberali
04.11.008	Oneri e perdite varie
04.11.009	Iva indetraibile
04.12	**Rettifiche finanziarie**
04.12.001	Rivalutazione partecipazioni
04.12.002	Svalutazione partecipazioni
04.13	**Oneri straordinari**
04.13.001	Minusvalenze straordinarie
04.13.002	Sopravvenienze passive straordinarie
04.13.003	Imposte esercizi precedenti
04.14	**Imposte sul reddito**
04.14.001	Irap dell'esercizio
04.14.002	Ires dell'esercizio
04.14.003	Imposte anticipate
04.14.004	Imposte differite

Portafoglio sconti e salvo buon fine

Scheda 43

Lo sconto

Lo **sconto** è un'anticipazione concessa al cliente per l'importo di un credito avente generalmente natura cambiaria e non ancora giunto a scadenza. Il credito è vantato dal cliente nei confronti di terzi e viene decurtato dell'interesse che la banca trattiene per l'operazione.

Il cliente che cede il credito e la banca cessionaria traggono entrambi vantaggi dall'operazione.

SCONTO

Vantaggi banca	Vantaggi cliente
- Possibilità di trasferire il titolo di credito, effettuando l'operazione di risconto - Garanzia del possesso dell'effetto cambiario con cui attivare azioni nei confronti del debitore e degli obbligati in via di regresso per il recupero del credito	- Finanziario: l'impresa smobilizza una parte dei propri crediti reperendo risorse liquide - Commerciale: l'impresa con più risorse liquide acquista sul mercato maggiore forza commerciale e può concedere più ampie dilazioni di pagamento

Il cliente cede alla banca il valore nominale del credito e riceve il **netto ricavo**, corrispondente all'importo scontato (valore nominale al netto degli interessi e delle spese trattenute dalla banca).

La cessione del credito avviene con la clausola **salvo buon fine**: il cliente cedente rimane cioè comunque responsabile nel caso di inadempimento alla scadenza da parte del debitore principale.

Oltre allo sconto cambiario (riferito alle tratte, ai pagherò e alle carte commerciali), le banche effettuano anche lo **sconto non cambiario** (riferito prevalentemente ai titoli a reddito fisso e ai crediti commerciali).

COMPETENZE TRATTENUTE DALLA BANCA	
Interesse	Calcolato sulla base di un tasso concordato con il cliente e mediante la formula che considera l'anno civile.
Commissione di accettazione	Applicata quando la banca è incaricata di far apporre l'accettazione sul titolo di credito cambiario.
Recupero spese	Determinate in modo forfettario e per il reperimento delle informazioni sulla solvibilità del debitore ceduto.
Commissione d'incasso	Trattenuta per ogni effetto ceduto.
Diritto di avviso d'incasso	Applicato qualora la banca, su richiesta del cliente, avvisi quest'ultimo dell'avvenuto pagamento da parte del debitore principale.
Diritto di brevità	Applicato qualora la scadenza degli effetti sia particolarmente ravvicinata rispetto alla data di presentazione allo sconto (effetti brucianti).

L'accredito del portafoglio salvo buon fine

L'accredito del portafoglio salvo buon fine è una forma di finanziamento molto utilizzata, in alternativa alle cambiali a favore delle ricevute bancarie (Ri.Ba.), scarsamente impiegate. L'impresa presenta all'incasso i propri crediti con la clausola "salvo buon fine" e rimane responsabile del mancato pagamento da parte del terzo debitore.

La banca cessionaria, prima di effettuare l'operazione, procede a un'attenta valutazione del cliente-cedente, al fine di verificarne la serietà commerciale e la conseguente idoneità a far fronte agli impegni finanziari assunti. La valutazione è analoga a quella relativa alla concessione del fido: la presentazione di effetti al salvo buon fine è infatti una forma di apertura di credito con cui la banca concede al cliente un fido disponibile e utilizzabile nei modi e tempi preventivamente pattuiti.

Il **castelletto salvo buon fine** rappresenta l'importo massimo dei crediti vantati dall'impresa-cliente che la banca è disposta ad ammettere alla procedura.

L'accredito del portafoglio salvo buon fine può essere:
- a disponibilità immediata;
- a valuta maturata.

L'**accredito a disponibilità immediata** consiste in una vera e propria concessione di credito, con conseguente maggiore rischio per la banca cessionaria, che anticipa immediatamente gli importi pattuiti.

L'accredito può avvenire su:
- **conto corrente ordinario**: la somma accreditata con valuta uguale alla scadenza è il valore nominale dei documenti presentati, mentre le spese di incasso vengono addebitate in data di presentazione. Il cliente utilizza gli importi accreditati antecedentemente alla valuta di accredito, con conseguente scoperto di valuta, su cui vengono calcolati dalla banca gli interessi. Lo scoperto di valuta può essere ripristinato con successivi versamenti anteriori alla scadenza;
- **conto corrente transitorio fruttifero**: la valuta dell'accredito sul conto anticipi effetti "salvo buon fine" è successiva rispetto alla data di presentazione e lo storno dal conto transitorio a quello ordinario, sul quale si applica la valuta della data dell'operazione è immediato. Le commissioni d'incasso e gli altri oneri relativi al conto anticipi vengono addebitati sul conto ordinario, mentre lo scoperto di valuta non può essere ripristinato con successivi versamenti, ma si ridurrà a mano a mano che gli effetti giungono a scadenza;
- **conto corrente transitorio infruttifero**: non si crea alcuno scoperto di valuta e, di conseguenza, avviene una maturazione d'interessi a favore della banca. Il corrispettivo dell'operazione per la banca è costituito esclusivamente dalle spese d'incasso e dalle altre commissioni, motivo per cui tale operazione viene generalmente riservata alla clientela migliore.

L'**accredito a valuta maturata** non è immediato, ma con disponibilità a valuta maturata, ossia al momento in cui gli effetti giungono a scadenza.

P

Principi di redazione del bilancio

Scheda 44

I principi di redazione del bilancio sono previsti negli articoli 2423 e 2423-*bis* c.c.

I **principi fondamentali** sono dettati dall'art. 2423 c.c., il quale prevede che «il bilancio deve essere redatto con chiarezza e deve rappresentare in modo veritiero e corretto la situazione patrimoniale e finanziaria della società e il risultato economico dell'esercizio».

La chiarezza e la rilevanza

La **chiarezza** implica che le voci di bilancio siano esplicite, nel contenuto e nel processo di valutazione degli elementi attivi e passivi.

Il rispetto di questo principio fondamentale ha alcuni presupposti:
- l'inscindibilità dei documenti che compongono il bilancio;
- la necessità di fornire informazioni complementari, quando l'applicazione della norma non è sufficiente a rendere la situazione veritiera e corretta;
- la possibilità di derogare ai principi stabiliti dalle disposizioni in materia di bilancio, se la loro applicazione risulta incompatibile con la rappresentazione veritiera e corretta della situazione aziendale.

Quest'ultimo presupposto rappresenta un rafforzamento del principio fondamentale della **prevalenza della sostanza sulla forma**.

La rilevanza implica che non occorre rispettare gli obblighi di rilevazione, valutazione, presentazione e informativa se la loro osservanza è irrilevante al fine di dare una rappresentazione veritiera e corretta. La deroga al principio della prevalenza della sostanza sulla forma e l'applicazione del principio di rilevanza devono essere illustrate nella nota integrativa.

Gli altri principi

L'art. 2423-*bis* impone l'osservanza di alcuni ulteriori criteri:
- la valutazione delle voci deve essere fatta secondo **prudenza** (non bisogna mai superare il valore massimo ragionevolmente attribuibile ai singoli elementi attivi e il valore miniamo attribuibile a quelli passivi);
- la valutazione delle voci deve essere fatta nella prospettiva della **continuazione dell'attività**;
- si possono indicare esclusivamente gli **utili realizzati** alla data di chiusura dell'esercizio (prevalenza della sostanza sulla forma);
- si deve tener conto dei proventi e degli oneri di **competenza** dell'esercizio, indipendentemente dalla data dell'incasso o del pagamento;
- si deve tener conto dei rischi e delle perdite di competenza dell'esercizio, anche se conosciuti dopo la chiusura dello stesso;
- gli elementi eterogenei ricompresi nelle singole voci devono essere valutati separatamente;

- i **criteri di valutazione** non possono essere modificati da un esercizio all'altro, in considerazione anche della continuità dell'attività e della comparabilità dei bilanci. Questo principio può tuttavia essere derogato in casi eccezionali, motivando in nota integrativa la deroga e indicando l'influenza sulla rappresentazione della situazione patrimoniale e finanziaria e del risultato economico.

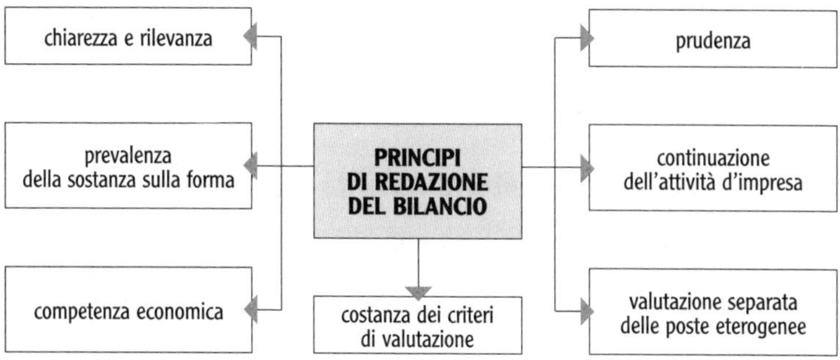

La struttura del bilancio

L'art. 2423-*ter* tratta infine la struttura dello **Stato patrimoniale** e del **Conto economico**, imponendo (fatti salvi i particolari bilanci di alcune imprese, come banche e assicurazioni, che esercitano attività per le quali le voci generali indicate nel c.c. avrebbero scarso significato e applicabilità) una ben specifica sequenza delle singole **voci** e dei **gruppi di valori**.

In particolare, vengono richiamati:

- l'obbligo dell'iscrizione delle voci separatamente e nell'ordine stabilito dai successivi articoli;
- la possibilità di suddividere ulteriormente ciascuna voce di bilancio indicata con numeri arabi, senza tuttavia eliminare la voce complessiva e il relativo importo;
- la possibilità di raggruppare voci di bilancio, se ciò è irrilevante ai fini della rappresentazione veritiera e corretta della situazione aziendale. Nell'ipotesi di raggruppamento delle voci di bilancio, la nota integrativa deve contenere l'analisi dell'aggregazione effettuata;
- la possibilità di aggiungere voci di bilancio;
- la possibilità di adattare le voci precedute dai numeri arabi, quando ciò è opportuno per la natura dell'attività esercitata;
- la valutazione separata delle voci dello Stato patrimoniale e del Conto economico;
- l'obbligo di indicare per ciascuna voce, sia dello Stato patrimoniale sia del Conto economico, l'importo corrispondente dell'esercizio precedente (bilancio a stati comparati);
- il divieto di compensazione di partite.

R

Reddito d'impresa: principi generali

Scheda 45

Il reddito d'impresa ai fini fiscali viene determinato secondo principi che, talvolta, si discostano da quelli di natura civilistica: essi, infatti, hanno lo scopo di determinare il reddito dell'esercizio sulla base dei principi di correttezza e prudenza; le norme fiscali, invece, mirano alla determinazione di un reddito da assoggettare a imposizione e s'ispirano a principi volti ad ampliare la base imponibile, limitando le possibili manovre sulle valutazioni.

La certezza e la determinabilità oggettiva

I **principi di certezza** e di **determinabilità oggettiva** implicano che i costi e i ricavi di competenza concorrano a determinare il reddito d'impresa se sono certi nella loro esistenza e se il loro ammontare è determinabile in modo obiettivo.

Il caso più frequente di componenti negativi che non presentano i requisiti descritti è quello degli accantonamenti per rischi futuri, per i quali l'art. 107 Tuir fissa una limitazione, stabilendo che non sono ammesse deduzioni per accantonamenti diversi da quelli previsti dalla normativa, che ne indica anche la misura deducibile.

La competenza

La **competenza economica** è il principio più importante e stabilisce che per determinare il reddito d'impresa relativo a ogni periodo d'imposta devono essere individuati tutti gli elementi positivi e negativi di reddito riferibili al periodo stesso, indipendentemente dalla manifestazione finanziaria dei fatti economici sottostanti.

L'effetto delle operazioni deve essere quindi rilevato contabilmente e attribuito all'esercizio al quale tali operazioni si riferiscono e non a quello in cui si realizzano i relativi movimenti finanziari (incassi e pagamenti).

I ricavi devono essere riconosciuti	- Al completamento del processo produttivo dei beni o dei servizi - Al termine dello scambio, quando si è verificato il passaggio sostanziale del titolo di proprietà. Convenzionalmente si è stabilito che tale momento è, per i beni, la spedizione, e per i servizi il momento in cui essi sono resi e fatturabili.
I costi si devono correlare con i ricavi dell'esercizio	È necessario contrapporre ai ricavi dell'esercizio i relativi costi (certi o solo presunti).

Con l'applicazione del principio di competenza, alla data di chiusura dell'esercizio i componenti di reddito sono certi nell'esistenza e determinati, o oggettivamente determinabili nell'ammontare.

Dal punto di vista fiscale l'art. 109 Tuir, dopo aver confermato l'applicazione del principio generale di competenza economica, stabilisce che "i ricavi, le spese e gli altri componenti di cui nell'esercizio di competenza non sia ancora certa l'esistenza o determinabile in modo obiettivo l'ammontare, concorrono a formare il reddito nell'esercizio in cui si verificano tali condizioni".

Ai fini della determinazione dell'esercizio di competenza la norma stabilisce che:

Beni	**I corrispettivi delle cessioni si considerano conseguiti**	alla data della consegna o spedizione per i beni mobili, e della stipulazione dell'atto per gli immobili e per le aziende, ovvero, se diversa e successiva, alla data in cui si verifica l'effetto traslativo o costitutivo della proprietà o di altro diritto reale.
	Le spese di acquisizione si considerano sostenute	
Servizi	**I corrispettivi delle prestazioni si considerano conseguiti**	alla data in cui le prestazioni sono ultimate.
	Le spese di acquisizione si considerano sostenute	

L'inerenza

Secondo il **principio d'inerenza**, che rappresenta uno sviluppo del più generale principio della competenza, le spese e gli altri componenti negativi sono deducibili se riferiti ad attività o a beni da cui si ottengono ricavi o altri proventi che partecipano alla formazione del reddito d'esercizio.

Sono tuttavia esclusi da tale principio:
- gli interessi passivi;
- gli oneri fiscali;
- gli oneri contributivi e di utilità sociale.

Ne consegue che non sono deducibili i componenti negativi:
- riferiti a ricavi o a proventi esenti;
- non afferenti l'attività d'impresa.

Nel caso di componenti negativi riferiti indistintamente ad attività o a beni che concorrono alla formazione del reddito d'impresa e a quelli che non vi concorrono, l'importo deducibile fiscalmente viene determinato in modo proporzionale.

L'imputazione al Conto economico

Secondo il **principio d'imputazione al Conto economico** i ricavi, gli altri proventi di ogni genere e le rimanenze concorrono a formare il reddito anche se non risultano imputati al Conto economico, mentre le spese e gli altri componenti negativi non sono ammessi in deduzione se e nella misura in cui non risultano imputati al Conto economico relativo all'esercizio di competenza.

Tuttavia sono deducibili quei costi che:
- sono stati imputati al C.E. di un esercizio precedente, se la deduzione è stata rinviata in conformità a norme che dispongono o consentono il rinvio;
- pur non essendo imputabili al Conto economico, sono deducibili per disposizione di legge.

R

Reddito imponibile e imposta

Scheda 46

Gli aspetti generali

Il **reddito di bilancio** iscritto nel Conto economico, determinato mediante la contrapposizione tra ricavi e costi d'esercizio, differisce dal **reddito d'impresa**, ottenuto applicando le norme fiscali.

La **normativa civilistica** sul bilancio d'esercizio è orientata a determinare il reddito e il patrimonio di funzionamento dell'impresa, secondo principi di veridicità, chiarezza, prudenza e con lo scopo di garantire la neutralità delle valutazioni di bilancio.

Secondo la **normativa fiscale**, invece, il **reddito fiscale d'impresa** si ottiene apportando al risultato del C.E. (utile o perdita di esercizio) le variazioni in aumento o in diminuzione indicate nel Tuir; esso costituisce la base per il calcolo dell'imponibile su cui applicare l'imposta dell'esercizio. La finalità della normativa fiscale è dunque essenzialmente quella di limitare la sottrazione di materia imponibile, garantendo la certezza dell'obbligazione fiscale.

Ne consegue che, mentre le norme del c.c. lasciano un certo margine di discrezionalità agli amministratori per le valutazioni di bilancio, quelle fiscali fissano criteri oggettivi a cui attenersi, limitando la discrezionalità nelle valutazioni.

Il percorso logico che conduce al calcolo del reddito d'impresa e delle imposte può essere sintetizzato come segue.

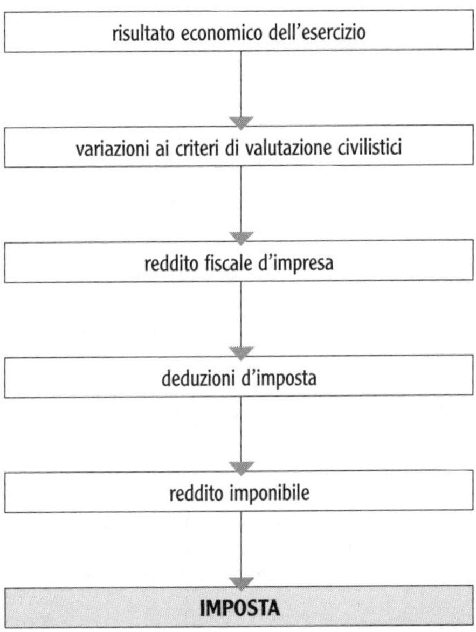

Il **reddito imponibile** è quella grandezza sulla quale applicare l'aliquota prevista (27,5% per l'Ires) per il calcolo dell'imposta dovuta. Esso non coincide necessariamente con il **reddito d'impresa** o reddito fiscale, in quanto è pari al reddito d'impresa al netto di eventuali detrazioni (per esempio perdite pregresse).

Le variazioni fiscali

Si distinguono due tipi di variazioni fiscali.

VARIAZIONI FISCALI	
In aumento	Costi o quote di costi iscritti nel C.E., ma non deducibili fiscalmente; vanno portati in aumento del risultato di bilancio per determinare il reddito fiscale.
In diminuzione	- Ricavi e proventi iscritti nel C.E., non tassabili in via definitiva (per esempio il 95% dei dividendi percepiti) o temporanea (parte rateizzata della plusvalenza in caso di opzione per l'imposizione in un massimo di 5 esercizi); - componenti negativi rinviati da precedenti esercizi (per esempio l'eccedenza del 5% delle spese di manutenzione).

A loro volta, le **variazioni fiscali in aumento** si distinguono in base alla funzione:
- rendere totalmente o parzialmente indeducibili i costi iscritti nel C.E., in ragione della loro non inerenza all'attività d'impresa (spese di rappresentanza, relative ad autovetture, non documentate);
- rettificare svalutazioni, ammortamenti e accantonamenti imputati al C.E. in misura superiore ai limiti fissati dalla normativa fiscale;
- imputare al reddito d'impresa componenti positivi, in base a periodi di tempo indicati dalla normativa fiscale (plusvalenze rateizzate in un massimo di 5 esercizi);
- recupero di maggiori componenti positivi rispetto a quelli imputati al C.E. (per esempio il recupero del maggior valore delle rimanenze di magazzino, rispetto a quello minimo stabilito dalla normativa fiscale).

Le **variazioni fiscali in diminuzione** si distinguono anch'esse in base alla funzione:
- ridurre, in tutto o in parte, i ricavi iscritti in bilancio che figurano in bilancio (interessi attivi su titoli di Stato soggetti a ritenuta alla fonte a titolo d'imposta, per i quali occorre fare una variazione in diminuzione per l'intero importo);
- imputare al reddito componenti negativi secondo criteri temporali fissati dalla normativa fiscale (per esempio la parte della plusvalenza realizzata nell'esercizio, che si decide di assoggettare ad imposizione in quote costanti).

R

Regimi contabili

Scheda 47

Il regime ordinario

Sono obbligati alla **tenuta della contabilità ordinaria**:
- le società di capitali;
- le altre imprese che superano i limiti previsti per la tenuta della contabilità semplificata;
- coloro che optano per la tenuta della contabilità ordinaria.

I **registri obbligatori** sono: libro giornale e inventari, registri Iva (fatture emesse, corrispettivi e acquisti), scritture ausiliarie di magazzino (se obbligatorie), registro dei beni ammortizzabili.

La tenuta dei registri Iva può essere omessa qualora i dati in essi contenuti siano registrati sul libro giornale nei termini previsti dalla disciplina dell'imposta sul valore aggiunto.

Il regime semplificato

A prescindere dall'attività svolta, possono applicare il **regime semplificato** le imprese individuali e collettive con ricavi non superiori a:
- 400.000 euro per le imprese aventi per oggetto attività di prestazioni di servizi;
- 700.000 euro per le imprese aventi per oggetto altre attività.

Il regime si estende di anno in anno se tali limiti non vengono superati.

Oltre ai registri Iva, quelli per il personale dipendente e a quelli previsti da leggi speciali, ai fini delle imposte dirette è obbligatoria la sola tenuta del **registro dei beni ammortizzabili**, salvo che le annotazioni relative agli ammortamenti non avvengano direttamente sul registro Iva degli acquisti.

Il regime forfetario dei contribuenti minimi

Il **regime forfetario** è applicabile solo ai soggetti che iniziano l'attività nella forma di impresa individuale che attestino, in via presuntiva, la sussistenza di precisi requisiti.

REQUISITI PER IL REGIME FORFETARIO	
Volume d'affari	Ragguagliato ad anno non superiore a 10.329,14 euro.
Utilizzo beni strumentali	Anche non di proprietà, di costo complessivo ragguagliato ad anno, al netto degli ammortamenti, non eccedente 10.329,14 euro.
Cessioni all'esportazione	Nulle.
Compensi complessivi	Non superiori al 70% del volume d'affari.

I contribuenti minimi possono adempiere alle disposizioni Iva e alle disposizioni delle imposte sui redditi in modo semplificato, con i seguenti **obblighi**:

- emettere fattura per operazioni effettuate nell'esercizio dell'impresa solo su richiesta del cliente;
- annotare nei registri Iva o su appositi prospetti, entro il 15 del mese successivo, il totale delle operazioni effettuate nel mese precedente, distinte per aliquote;
- conservare la documentazione relativa agli acquisti oggetto dell'attività.

Il **calcolo dell'Irpef** è effettuato: sul 75% del volume di affari per le attività di prestazione di servizi; sul 61% del volume di affari per le altre attività; sul 78% dei ricavi e compensi percepiti da professionisti e artisti.

Il regime forfetario

La legge di stabilità per il 2015 ha introdotto un nuovo regime agevolato per le persone fisiche che svolgono un'attività di impresa, arte e professione.

L'agevolazione spetta a coloro che:

- hanno conseguito ricavi o compensi nell'anno precedente, ragguagliati ad anno, non superiori ai limiti fissati dalla norma per codice attività;
- hanno sostenuto spese per lavoro dipendente e/o collaboratori non superiori a 5.000 euro;
- dispongono di beni strumentali il cui costo complessivo, al lordo degli ammortamenti, non è superiore a 20.000 euro.

In caso di nuova attività, il reddito dei primi cinque anni è assoggettato a un'aliquota ridotta al 5%, a condizione che:

- il contribuente non abbia esercitato, nei tre anni precedenti l'inizio dell'attività, attività artistica, professionale ovvero d'impresa, anche in forma associata o familiare;
- l'attività da esercitare non costituisca, in nessun modo, mera prosecuzione di altra attività precedentemente svolta sotto forma di lavoro dipendente o autonomo, escluso il caso in cui l'attività precedentemente svolta consista nel periodo di pratica obbligatoria ai fini dell'esercizio di arti o professioni;
- qualora venga proseguita un'attività svolta in precedenza da altro soggetto, l'ammontare dei relativi ricavi e compensi, realizzati nel periodo d'imposta precedente quello di riconoscimento del beneficio, non sia superiore ai limiti previsti.

Le semplificazioni fiscali che ne derivano sono le seguenti:

- ai fini Iva, l'esonero dagli obblighi di liquidazione e versamento dell'imposta nonché da tutti gli altri obblighi previsti dal d.p.r. n. 633/1972 (registrazione delle fatture, dichiarazione ecc.); l'unico obbligo consiste nella conservazione dei documenti emessi e ricevuti;
- ai fini Irpef, il reddito viene determinato applicando all'ammontare dei ricavi o dei compensi percepiti il coefficiente di redditività previsto a seconda del tipo di attività svolta; sul reddito imponibile si applica un'imposta sostitutiva (Irpef, addizionali e Irap) pari al 15%;
- ai fini Irap è prevista l'esenzione dall'imposta;
- esclusione dall'applicazione degli studi di settore e dei parametri.

R

Reporting

Scheda 48

Il sistema di **reporting** consiste in un complesso di dati quantitativo-monetari rilevati dalla contabilità per valutare i risultati e ridefinire gli obiettivi nel caso in cui questi ultimi si rivelino poco soddisfacenti. Il reporting rappresenta quindi l'output del sistema di contabilità direzionale.

Le caratteristiche del reporting possono essere riassunte nel modo seguente.

Sistematicità e frequenza	I responsabili delle varie funzioni devono costantemente fornire il rapporto sull'andamento della gestione con frequenza almeno mensile.
Tempestività	I dati devono essere disponibili in tempi utili per l'analisi, eventualmente anche a scapito della precisione.
Chiarezza, comprensibilità ed essenzialità	Il linguaggio deve essere semplice, chiaro nei termini e nei concetti; i rapporti devono contenere solo le informazioni essenziali.
Coerenza con i piani	Un reporting coerente con i piani e i programmi si presenta più agevole da leggere e più comprensibile per i destinatari a cui è indirizzato.
Coerenza con la struttura organizzativa	Ciascuna posizione aziendale deve ricevere le informazioni idonee a valutare le operazioni compiute, anche attraverso il confronto con i piani e i programmi elaborati.
Coerenza con la politica finanziaria	I report devono consentire l'imputazione degli oneri finanziari ai vari centri di costo.
Rilevanza dei dati	Intesa come evidenziazione delle informazioni utili e necessarie per attivare un processo decisionale; essa varia in rapporto ai livelli decisionali e alle diverse decisioni da prendere.
Selettività delle informazioni	Le informazioni rilevanti sono ordinate in modo prioritario, soprattutto con riferimento alle informazioni strategiche; è importante infatti sviluppare le informazioni a elevata influenza strategica, al fine di evitare che siano confuse con le altre.
Frequenza dei tabulati	Quali debbano essere portati a conoscenza dei responsabili dipende dalle esigenze conoscitive legate a ogni fenomeno osservato; essa è quindi strettamente collegata alla struttura del sistema informativo e alle sue capacità elaborative.

I dati contenuti nel rapporto dovrebbero essere il risultato di un processo selettivo volto a classificare le diverse aree in relazione al ruolo da esse assunto per la sopravvivenza e lo sviluppo dell'impresa.

La **forma** con cui vengono rappresentati i singoli documenti è un requisito essenziale; essa incide sulla comprensibilità del report e sugli stimoli per l'analisi e l'azione, dal momento che sottolinea gli aspetti più significativi della gestione. Il rapporto deve collegare il linguaggio contabile con quello dei manager, disponendo i dati, opportunamente integrati con commenti, grafici e altri mezzi visivi, in modo da renderli leggibili e stimolanti per il controllo.

La direzione d'impresa utilizza il report per attuare il controllo di tipo valutativo, cercando di sviluppare l'aspetto motivazionale: il controllo (*feedback*), oltre a favorire un generale clima di fiducia reciproca a seguito del completamento del processo informativo connesso con il budget, incentiva i comportamenti conformi agli obiettivi a scapito di quelli difformi.

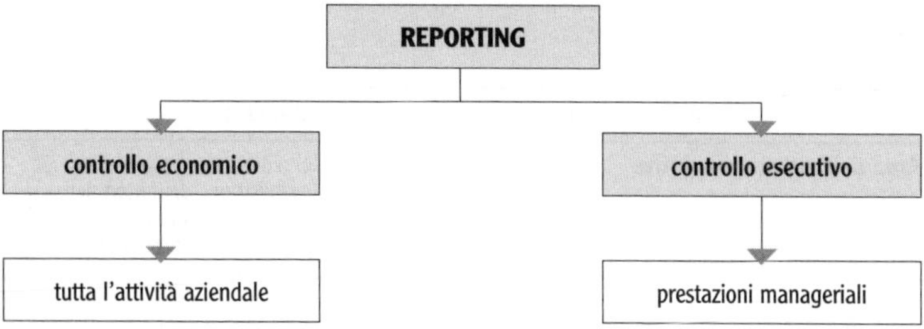

Il report richiede una **fase preparatoria** complessa e impegnativa, sia anteriormente sia posteriormente al rilascio. Esso implica, infatti, uno studio esteso ai vari aspetti gestionali di cui rappresenta la naturale sintesi in termini di risultati, e rende necessarie sistematiche riunioni per la sua analisi.

Le discussioni dovrebbero tendere a valutare i problemi emergenti e analizzare le spiegazioni fornite dai responsabili dei fenomeni di divergenza dai piani. L'obiettivo è anche quello di definire gli orientamenti da assumere fissando nuovi obiettivi adeguati alla realtà evolutiva in cui opera l'impresa.

A livello manageriale viene redatto il **reporting direzionale**, il cui contenuto deve consentire al direttore generale di operare come capo diretto di una serie di titolari di funzioni e unità e informare il massimo responsabile aziendale sull'andamento della gestione.

Si tratta di un reporting più attento alla strategia d'impresa, alle risorse che la condizionano e alle implicazioni strategiche di molte scelte operative.

Un efficace sistema di reporting deve consentire un apprezzamento dell'andamento effettivo rispetto a quello programmato, il tutto condiviso ai vari livelli operativi. Esso deve rappresentare un valido strumento a supporto del controllo strategico, segnalando le implicazioni dei risultati sulla gestione strategica.

R

Riclassificazione del C.E. a costo del venduto

Scheda 49

Il **Conto economico** riclassificato nella configurazione a costo del venduto si caratterizza per l'aggregazione dei costi della produzione per destinazione (e non per natura), cioè considerando la funzione aziendale per la quale sono stati sostenuti.

AREE GESTIONALI DELL'IMPRESA INDUSTRIALE	
Area dell'attività produttiva	Comprende tutti i componenti del reddito che scaturiscono dalle operazioni necessarie per l'acquisizione dei fattori della produzione, per la loro trasformazione in prodotti e per la loro collocazione sul mercato. Viene a sua volta distinta in area industriale, commerciale, amministrativa.
Area finanziaria	Comprende i costi e i ricavi originati dalla gestione dei mezzi finanziari; in particolare i componenti del reddito di quest'area derivano dalla gestione dei debiti e dei crediti, delle disponibilità liquide e degli investimenti in titoli azionari e obbligazionari.
Area straordinaria	Comprende tutti i componenti del reddito originati da operazioni estranee alla gestione ordinaria, vale a dire operazioni che non rientrano tra quelle dell'area dell'attività produttiva e dell'area finanziaria.
Area tributaria	Comprende i costi per le imposte dirette.

In questo tipo di riclassificazione, rispetto alla riclassificazione a valore aggiunto, le differenze sostanziali sono tutte nella prima parte del prospetto, prima del risultato operativo lordo. Nella configurazione a valore aggiunto sono presenti due risultati intermedi, il valore aggiunto e il margine operativo lordo, entrambi mirati a misurare l'efficienza del sistema produttivo aziendale. Nella configurazione a costo del venduto è presente un solo risultato intermedio, rappresentato dal risultato lordo della gestione industriale, perché con questa struttura si intende spostare l'indagine sulle aree funzionali.

Con la configurazione a costo del venduto si intende misurare quanto incidono, nell'ambito dell'area produttiva, le tre aree funzionali caratteristiche: l'area della produzione diretta, l'area commerciale e l'area amministrativa.

Il **costo del venduto** (da definirsi più opportunamente **costo della produzione venduta**) prende in considerazione tutti i costi (al netto dei ricavi collegati) sostenuti per ottenere i prodotti venduti sul mercato. Questa complessa figura di costo si ottiene aggiungendo al costo di acquisto delle materie e dei materiali impiegati nel processo produttivo tutti gli altri costi diretti e indiretti del settore tecnico-produttivo, al netto della patrimonializzazione di costi di natura industriale, dei contributi in conto esercizio e della variazione delle scorte sia di materie prime e materiali sia di semilavorati e prodotti finiti.

È possibile ottenere due livelli intermedi di costo prima del costo del venduto:
- il **costo collegato al consumo delle materie e dei materiali passati alle lavorazioni**, ottenuto aggiungendo o togliendo agli acquisti di materie e materiali effettuati nell'esercizio la variazione delle rimanenze di materie e materiali; il valore che si ottiene rappresenta appunto il costo (consumo) dei materiali utilizzati nel processo produttivo;
- il **costo della produzione ottenuta**, cioè il costo dei prodotti (beni o servizi) ottenuti dalla produzione (gli output del processo produttivo) e destinati alla vendita, che si ottiene aggiungendo al costo delle materie e materiali passati alle lavorazioni tutti i costi dell'area industriale; se a questa figura di costo si aggiunge o si toglie la variazione delle rimanenze dei prodotti finiti e dei semilavorati si ottiene il **costo dei prodotti venduti** (o **costo della produzione venduta**, o **costo del venduto**).

La distribuzione dei costi, quali risultano dal Conto economico, nelle tre aree funzionali (industriale, commerciale e amministrativa) non è di facile soluzione per un analista esterno che, pur utilizzando la nota integrativa e altri documenti accompagnatori del bilancio, non può essere in possesso di tutte quelle informazioni legate al processo produttivo che gli necessitano.

La distribuzione dei costi avviene utilizzando una tabella del tipo di quella proposta a lato.

Conto economico riclassificato a costo del venduto
Ricavi netti delle vendite e delle prestazioni – costo del venduto
Risultato lordo della gestione industriale – costi commerciali – costi amministrativi
Risultato operativo lordo (ROL) +/– saldo della gestione finanziaria
Risultato della gestione ordinaria +/– saldo della gestione straordinaria
Risultato prima delle imposte – imposte sul reddito
Risultato economico netto dell'esercizio

Il primo risultato intermedio, che si ottiene nella configurazione di Conto economico a costo del venduto, è il **risultato lordo della gestione industriale**, che mette in evidenza un risultato strettamente collegato all'attività di produzione e di vendita dei beni o dei servizi che l'impresa produce, senza tener conto dell'influenza dei costi commerciali e amministrativi.

Se si tolgono dal risultato lordo dell'area industriale i costi delle aree commerciale e amministrativa funzionali, si ottiene il **risultato operativo lordo** (ROL).

Un buon risultato operativo, anche in presenza di una perdita d'esercizio, evidenzia una capacità di creare ricchezza da parte della struttura operativa; si dovrà pertanto andare a ricercare gli effetti della dispersione di questa ricchezza nella gestione finanziaria o, eventualmente, nell'area della gestione straordinaria.

Il risultato operativo lordo è una grandezza ottenibile con entrambi le due riclassificazioni del Conto economico esaminate ed è molto importante ai fini dell'analisi del bilancio, perché non risente dell'influenza dell'area della gestione finanziaria, cioè degli interessi corrisposti sui finanziamenti ottenuti.

Riclassificazione del C.E. a valore aggiunto

Scheda 50

Lo schema di Conto economico a valore e costi della produzione previsto dall'art. 2425 c.c. non consente un'analisi approfondita della redditività aziendale, in quanto classifica i componenti negativi del reddito per natura e non per destinazione, con la conseguenza che non evidenzia la partecipazione di alcune aree gestionali alla formazione del reddito.

Le voci del Conto economico devono essere quindi riclassificate, al fine di ottenere le informazioni aggiuntive che consentano di esprimere un giudizio più significativo sulla situazione economica e sull'andamento reddituale dell'attività dell'impresa.

RICLASSIFICAZIONE DEL CONTO ECONOMICO

- a valore aggiunto
- a costo del venduto

Il **Conto economico** con la configurazione **a valore aggiunto** si ottiene aggregando i componenti del reddito classificati per natura.

Il primo risultato da ottenere è il **valore aggiunto**, che rappresenta la ricchezza prodotta dall'impresa, mediante l'incremento attribuito ai beni e ai servizi acquisiti all'esterno per effetto del processo produttivo. Esso viene determinato come differenza tra il valore globale della produzione e il costo dei beni e dei servizi esterni utilizzati.

valore globale della prod. – costo beni e servizi esterni utilizzati = valore aggiunto

Il valore globale della produzione si ottiene sommando algebricamente ai ricavi netti delle vendite:
- la variazione delle rimanenze dei prodotti e dei semilavorati;
- i costi patrimonializzati relativi alle costruzioni interne (in economia);
- gli acquisti di semilavorati e di prodotti finiti presso altre imprese, messi in vendita senza ulteriori lavorazioni interne;
- altri ricavi e proventi, non finanziari e non straordinari.

Il costo dei beni e dei servizi esterni utilizzati si ottiene rettificando gli acquisti di materie prime e sussidiarie e di materiali di consumo dei seguenti valori:
- la variazione delle scorte di materie prime e materiali di consumo;
- i costi per prestazioni di servizi esterni all'impresa, compresi i costi per il godimento di beni di terzi, utilizzati nel processo produttivo, e gli oneri diversi di gestione.

Un valore aggiunto "basso" evidenzia una maggiore dipendenza dell'impresa da terzi (fornitori di beni e servizi), anche se essa si presenta più flessibile alle mutevoli condizioni di mercato; un valore aggiunto "alto" evidenzia una minore dipendenza da terzi, quindi un maggior controllo dell'utilizzo dei fattori della produzione, ma anche una maggiore rigidità strutturale che porta a una notevole difficoltà di adeguamento alle condizioni di mercato.

Sottraendo dal valore aggiunto il costo dei fattori interni utilizzati si ottiene il **risultato operativo lordo** (ROL).

Il ROL rappresenta quindi il risultato operativo della gestione caratteristica, che deve poter remunerare i finanziatori dell'impresa, lo Stato per le imposte, l'imprenditore o i soci, con gli utili distribuiti, l'impresa stessa (attraverso l'autofinanziamento).

La differenza tra il valore aggiunto e i costi relativi al solo personale consente di determinare il **margine operativo lordo** (MOL), che evidenzia la parte del valore aggiunto assorbita dal fattore umano e quanta ne resta per remunerare la struttura fissa e le gestioni non caratteristiche.

Aggiungendo o sottraendo al ROL il saldo della gestione finanziaria si ottiene il **risultato della gestione ordinaria**. Esso evidenzia quanto influisce la gestione finanziaria sul risultato economico dell'esercizio.

Aggiungendo o sottraendo al risultato della gestione ordinaria il saldo della gestione straordinaria si ottiene il **risultato prima delle imposte**, che evidenzia l'incidenza della gestione straordinaria sul risultato economico dell'esercizio.

Conto economico riclassificato a valore aggiunto
Valore globale della produzione – costo dei beni e dei servizi esterni utilizzati
Valore aggiunto – costo del personale
Margine operativo lordo (MOL) – accantonamenti, ammortamenti e svalutazioni
Risultato operativo lordo (ROL) +/– saldo della gestione finanziaria
Risultato della gestione ordinaria +/– saldo della gestione straordinaria
Risultato prima delle imposte – imposte sul reddito
Risultato economico netto dell'esercizio

Riclassificazione dell'attivo e del passivo dello S.P.

Scheda 51

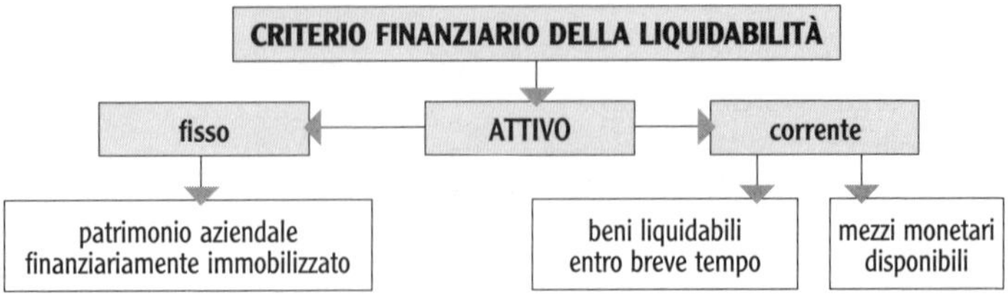

Nell'**attivo fisso** sono inclusi gli impieghi del patrimonio destinati ad essere trasformati in liquidità nel medio-lungo periodo:

Immobilizzazioni immateriali	Iscritte al loro valore residuo e comprensive dei disaggi di emissione su prestiti.
Immobilizzazioni materiali	Iscritte al loro valore residuo.
Immobilizzazioni finanziarie	- Partecipazioni al capitale di società controllate e collegate. - Titoli con scadenza a medio-lungo termine. - Crediti di qualsiasi natura con scadenza oltre l'esercizio successivo. - Risconti attivi conseguenti a un differimento di costi negli esercizi successivi (per esempio, risconto sul maxicanone leasing). - Depositi cauzionali a medio-lungo termine. - Rimanenze di magazzino di merci, prodotti e simili, di difficile vendita e quindi con liquidabilità non a breve termine.

L'**attivo corrente** (o **circolante**), comprende gli elementi attivi del patrimonio convertibili economicamente in disponibilità monetarie nel breve periodo, cioè entro l'esercizio successivo.

Disponibilità economiche	- Rimanenze di magazzino (scorte in magazzino di materie prime, sussidiarie e di consumo, di prodotti finiti e merci e prodotti in corso di lavorazione e i semilavorati). - Rimanenze di titoli in portafoglio (partecipazioni e altri titoli che non costituiscono immobilizzazioni; alcuni titoli, inseriti tra le attività che non costituiscono immobilizzazioni, possono tuttavia essere collocati tra le liquidità immediate se di facile collocamento sul mercato e in tempi molto brevi). - Risconti, per la quota di costi di competenza dell'esercizio successivo.
Liquidità differite	- Crediti di qualsiasi natura (di finanziamento o di fornitura o verso soci per decimi richiamati, con scadenza però non ravvicinata) scadenti entro l'esercizio successivo. - Ratei attivi, in quanto crediti da liquidare esigibili nell'esercizio successivo.
Liquidità immediate	- Valori in cassa e i depositi in conto corrente bancario e postale. - Crediti verso soci per decimi richiamati e di ravvicinata riscossione. - Titoli acquistati per impiego alternativo delle eccedenze di liquidità.

PASSIVO CONSOLIDATO	
Capitale proprio	- Capitali apportati dall'imprenditore o dai soci a titolo di capitale di rischio; - Autofinanziamento, evidenziato nelle riserve sia di utili sia di capitale. Il capitale proprio non comprende la parte di utile che deve essere distribuita ai soci (passività corrente).
Passività consolidate	- Debiti di finanziamento, fra cui i prestiti ottenuti da banche, soci e altri finanziatori, i mutui, i prestiti obbligazionari e tutti gli altri finanziamenti rimborsabili secondo un piano di ammortamento finanziario, al netto della quota di capitali con scadenza nell'esercizio successivo. - Debiti di fornitura, per la parte che scade oltre l'esercizio successivo. - Debiti verso il personale per il trattamento di fine rapporto di lavoro subordinato, al netto della quota di debito da corrispondere ai dipendenti nei confronti dei quali cesserà il rapporto di lavoro nell'esercizio successivo. - Quote accantonate nei fondi per rischi e oneri che saranno utilizzate oltre l'esercizio.

Il **passivo corrente** è costituito dai debiti con scadenza entro l'esercizio successivo, e cioè:

- debiti di finanziamento di prossima scadenza, compresa la quota di capitali relativa a mutui, a prestiti obbligazionari e a tutti gli altri finanziamenti rimborsabili secondo un piano di ammortamento finanziario, i debiti per c/c bancari allo scoperto;
- debiti di fornitura;
- debiti verso il personale per la quota di indennità licenziamento che deve essere corrisposta ai dipendenti che entro l'anno successivo cesseranno il rapporto di lavoro;
- debiti verso gli istituti previdenziali e assistenziali per i contributi da versare;
- quote accantonate nei fondi per rischi e oneri che avranno presumibilmente un utilizzo entro l'esercizio successivo;
- debiti tributari;
- debiti verso i soci, con scadenza prossima (per esempio, per il pagamento dei dividendi);
- ratei passivi e risconti passivi.

R

Riclassificazione dello S.P.: aspetti generali

Scheda 52

Il bilancio redatto secondo le disposizioni del c.c. non sempre consente un'analisi che permette di rispondere a tutte le esigenze conoscitive dei soggetti interessati all'andamento dell'attività aziendale. Al fine di ottenere un'informativa più ampia e completa è quindi necessario **riclassificare il bilancio**, aggregando e disaggregando le poste e i valori dello Stato patrimoniale e del Conto economico, al fine di renderli omogenei in funzione del criterio scelto per eseguire le analisi e le indagini sulla situazione patrimoniale, finanziaria ed economica dell'impresa.

CRITERI PER LA RICLASSIFICAZIONE DELLO STATO PATRIMONIALE	
Criterio finanziario	Prevede l'aggregazione degli elementi del patrimonio in attivi (secondo la loro attitudine a essere trasformati in liquidità) e passivi (secondo l'esigibilità, cioè la loro scadenza, per i debiti, o il periodo di distribuzione, per le quote ideali del patrimonio netto).
Criterio del ciclo operativo aziendale	Considera, ai fini della distinzione tra breve e medio lungo periodo, la durata dei ciclo operativo aziendale, ovvero l'arco di tempo che intercorre tra l'organizzazione dei fattori della produzione e il rientro dei capitali sotto forma monetaria.
Criterio funzionale	Distingue gli elementi del patrimonio secondo due variabili, ovvero la loro attitudine a essere convertiti in moneta, così come previsto dal criterio finanziario, e la loro partecipazione alla gestione caratteristica o non caratteristica dell'attività aziendale.

L'adozione del criterio finanziario comporta che le poste dell'attivo e del passivo siano rappresentate in base ai criteri di liquidità crescente e decrescente.

Liquidità decrescente:
- nell'attivo vengono evidenziati prima gli elementi più "liquidi" (attivo corrente), e poi quelli intesi come fattori a più lungo ciclo di utilizzo e di impiego più duraturo (attivo fisso);
- nel passivo viene inserito prima il passivo corrente, cioè i debiti estinguibili entro breve termine, poi le passività consolidate e il capitale proprio (passivo consolidato).

Liquidità crescente:
- nell'attivo si ha prima l'attivo fisso e poi l'attivo corrente;
- nel passivo sono esposti prima il capitale proprio e le passività consolidate, e poi le passività correnti.

Liquidità crescente

ATTIVO	PASSIVO
Fisso	Consolidato
Corrente	Corrente

Liquidità decrescente

ATTIVO	PASSIVO
Corrente	Corrente
Fisso	Consolidato

Lo Stato patrimoniale predisposto secondo lo schema del c.c. e lo Stato patrimoniale riclassificato secondo il criterio finanziario presentano evidenti differenze:

- per il diverso criterio utilizzato per i raggruppamenti e per l'esposizione delle voci e dei collegati valori: criterio della destinazione economica secondo il c.c.; criterio finanziario per il documento riclassificato;
- per la diversa collocazione dei crediti, distinti per natura e per durata nel documento civilistico, solo per durata nel documento riclassificato;
- per l'eliminazione di alcuni gruppi di voci (macroclassi) nello Stato patrimoniale riclassificato rispetto a quello civilistico; scompaiono così del tutto le macroclassi A (crediti verso soci) e D (ratei e risconti) nell'attivo e la macroclasse E (ratei e risconti) del passivo.

Gli analisti esterni possono ottenere le informazioni necessarie per una più opportuna riclassificazione delle voci patrimoniali attraverso il contenuto della nota integrativa e degli altri documenti che accompagnano il bilancio d'esercizio, fra cui la relazione sulla gestione. È opportuno quindi che la nota integrativa sia redatta in modo esaustivo e fornisca utili informazioni, per esempio, con riferimento al gruppo dei ratei e dei risconti, alla durata dei crediti e agli accantonamenti ai fondi per rischi e oneri.

STATO PATRIMONIALE RICLASSIFICATO
(secondo il criterio finanziario per liquidità crescente)

ATTIVO	PASSIVO
Attivo fisso	**Capitale proprio**
Immobilizzazioni:	
– immateriali	
– materiali	
– finanziarie	**Passività consolidate**
Attivo corrente	
Disponibilità economiche	
Liquidità differite	**Passività correnti**
Liquidità immediate	
TOTALE IMPIEGHI	**TOTALE FONTI**

R

Rimanenze e titoli

Scheda 53

Le rimanenze di magazzino

La variazione tra rimanenze finali ed esistenze iniziali concorre a formare il reddito dell'esercizio.

La valutazione delle rimanenze fa riferimento alle seguenti categorie di beni:
- beni alla cui produzione o scambio è diretta l'attività d'impresa (merci e prodotti finiti);
- beni, non strumentali, acquistati o prodotti per essere impiegati nella produzione (materie prime, sussidiarie, semilavorati e altri beni mobili);
- prodotti in corso di lavorazione;
- opere, forniture e servizi di durata ultrannuale.

L'art. 92 Tuir fissa il **valore minimo** da attribuire alle rimanenze: se non sono valutate a costi specifici, esso non deve essere inferiore a quello risultante dall'applicazione di:
- LIFO, FIFO, costo medio ponderato;
- LIFO a scatti annuali;
- prezzo al dettaglio.

Obiettivo della normativa fiscale è non interferire nella disciplina civilistica della valutazione delle rimanenze di magazzino, con il solo obbligo di rispettare il valore minimo prefissato. La valutazione è riferita ai criteri del **costo d'acquisto** (o **di produzione**) e del **valore di realizzazione desumibile dall'andamento di mercato** fissati dall'art. 2426 c.c. e deve avvenire in base alla seguente procedura:
- i beni devono essere raggruppati in categorie omogenee per natura e valore; devono appartenere allo stesso genere;
- a ogni gruppo deve essere assegnato un valore; a tal fine i beni sono distinti in fungibili e non fungibili. Questi ultimi, non potendo essere scambiati con altri, si valutano in base ai costi specifici;
- nel primo esercizio, il valore da attribuire alle rimanenze è pari al costo medio ponderato, ottenuto dividendo il costo complessivo dei beni prodotti o acquistati nell'esercizio per la rispettiva quantità;
- negli esercizi successivi si possono verificare due situazioni: se le rimanenze sono aumentate, il valore da attribuire alle maggiori quantità è pari al costo medio ponderato; se le rimanenze sono diminuite, si applica il LIFO a scatti. Si considerano vendute le quantità acquistate per ultime, e quindi il valore in diminuzione è il costo medio ponderato dei beni prodotti o acquistati negli ultimi esercizi, a partire da quello più recente.

L'art. 92, comma 3, Tuir prevede la possibilità, in deroga al LIFO a scatti, di valutare le rimanenze applicando:
- FIFO;
- costo medio ponderato;
- LIFO continuo.

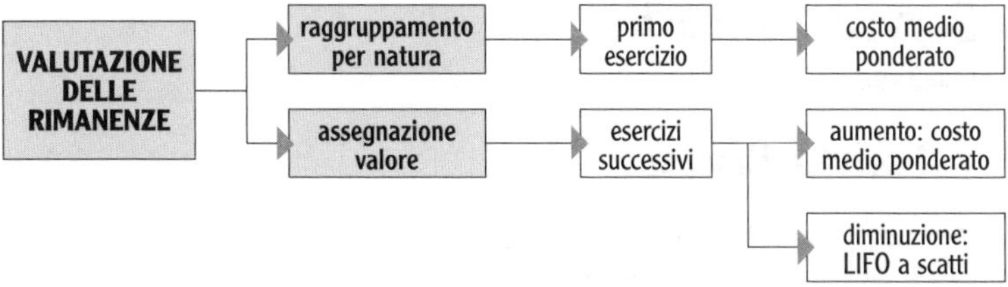

Se la valutazione delle rimanenze, effettuata in base ai criteri riconosciuti fiscalmente, risulta superiore al loro **valore normale medio** nell'ultimo mese dell'esercizio, il **valore minimo** è pari al prodotto tra la quantità e il valore normale.

Il **valore normale medio** è pari al corrispettivo o prezzo praticato mediamente nell'ultimo mese, per beni o servizi della medesima specie o similari, in condizioni di libera concorrenza e allo stesso stadio di commercializzazione.

La normativa fiscale prevede infine che:
- i prodotti non ancora ultimati e i servizi non completamente eseguiti al termine dell'esercizio siano valutati in base alle spese sostenute nell'esercizio (costi diretti e oneri di diretta imputazione);
- i commercianti al minuto possano valutare le rimanenze delle merci con il metodo del prezzo al dettaglio;
- le opere, le forniture e i servizi di durata ultrannuale siano valutati in base ai corrispettivi pattuiti o liquidati;
- alcune categorie di attività possano effettuare la valutazione secondo i metodi FIFO o della media ponderata, anche se non adottati in bilancio.

La valutazione del portafoglio titoli

I criteri previsti dall'art. 92 Tuir si applicano anche alla **valutazione del portafoglio titoli**, in cui rientrano i titoli iscritti nell'attivo circolante, ovvero:
- azioni e quote di partecipazioni al capitale;
- strumenti finanziari similari alle azioni;
- obbligazioni e altri titoli.

Il raggruppamento in categorie omogenee per natura avviene come segue: azioni e strumenti finanziari similari sono raggruppati per società emittente e per categoria (ordinarie, privilegiate e di risparmio); le obbligazioni sono raggruppate in base all'emittente, al tasso d'interesse, alla durata e alle caratteristiche specifiche.

Il costo complessivo di acquisizione dei titoli comprende anche gli oneri accessori di diretta imputazione, quali per esempio le commissioni bancarie.

Il **valore normale** viene determinato come segue:
- per azioni, quote e strumenti similari alle azioni si considera il costo, non comprensivo dei maggiori o minori valori iscritti;
- per le obbligazioni emesse da società quotate si considera la media aritmetica dei prezzi rilevati nell'ultimo mese dell'esercizio; per quelle emesse da società non quotate si considera il valore di titoli simili presenti sul mercato.

S

Servizi bancari

Scheda 54

I servizi d'incasso

I servizi d'incasso sono offerti prevalentemente alle imprese, che conferiscono alla banca l'incarico d'incassare i propri crediti.

Tecnicamente l'operazione è eseguita tramite:

- **MAV (Mediante Avviso di Versamento)**: moduli di richiesta di versamento che la banca provvede a inviare al debitore utilizzabili presso qualsiasi sportello bancario o postale;
- **Ri.Ba. (Ricevuta Bancaria)**: disposizioni d'incasso in forma elettronica che il creditore rilascia alla propria banca. Essa s'impegna a predisporre le quietanze di pagamento e a inviarle alla banca domiciliataria del debitore, cui verrà comunicata la scadenza del pagamento, da effettuarsi presso la banca stessa.

I servizi di pagamento

Assegni bancari	Titoli di credito con cui un soggetto (traente) ordina alla sua banca (trattaria) di pagare a vista una somma di denaro a favore di un terzo beneficiario.
Assegni circolari	Titoli di credito all'ordine con cui la banca emittente effettua una promessa incondizionata di pagare una determinata somma di denaro a favore di un terzo beneficiario.
Bonifici SEPA	Ordini dati dal correntista alla banca di effettuare un trasferimento di fondi a favore di un altro correntista, cliente o meno della banca stessa.
Ricevute bancarie	Hanno sostituito nella pratica gli effetti cambiari, principalmente a causa dell'elevata imposta di bollo che grava su questi ultimi.
Domiciliazioni delle utenze	Tecnicamente dette SDD (Sepa Direct Debit): la banca paga direttamente le utenze domestiche o aziendali, addebitando il relativo importo sul conto corrente con valuta pari al giorno di scadenza della fattura. Si attivano con richiesta scritta del cliente, che autorizza l'addebito permanente.
Bancomat	Tessera plastificata che consente al correntista di prelevare denaro contante nel limite del massimale prefissato dalla banca. Assolve la funzione di "pagobancomat" se utilizzato direttamente per effettuare pagamenti presso esercizi commerciali convenzionati, con valuta di addebito immediata.
Carta di credito	Tessera plastificata che consente di effettuare pagamenti presso esercizi commerciali con addebito posticipato generalmente al mese successivo.
Corporate banking o home banking	Servizi telematici con cui il correntista (impresa o privato) può effettuare, direttamente dal proprio personal computer, operazioni bancarie sul proprio conto corrente o relative alla finanza mobiliare. Al cliente viene rilasciato un codice identificativo di accesso che, unitamente alla parola chiave, è la misura di sicurezza per l'accesso al proprio conto corrente.

I depositi a custodia

Il **deposito a custodia** è un contratto con cui un soggetto depositante consegna valori, titoli di credito o altre cose mobili alla banca depositaria, che si obbliga alla custodia e restituzione su richiesta del cliente.

TIPI DI DEPOSITO A CUSTODIA	
Deposito chiuso	La banca si limita a custodire i beni consegnati in plico chiuso, restituendoli su richiesta del depositante.
Deposito aperto	La banca custodisce i titoli consegnati dal cliente, impegnandosi a riscuotere le cedole e a esercitare il diritto di opzione per i titoli azionari.
Cassette di sicurezza	La banca mette a disposizione della clientela uno spazio chiuso all'interno delle stanze blindate (caveau). Per usufruire del servizio è prevista la stipula di un contratto periodico. La banca è responsabile unicamente dell'idoneità e custodia dei locali e dell'integrità della cassetta.

Il risparmio gestito

Il **risparmio gestito** consiste in una serie di attività d'intermediazione che tendono a gestire le risorse finanziarie dei risparmiatori in modo professionale, al fine di amministrare al meglio i capitali affidati.

Nell'ambito del risparmio gestito assume particolare rilevanza la **gestione patrimoniale**, una forma d'investimento che consente al risparmiatore di affidare la gestione del proprio patrimonio a un soggetto che riveste la qualifica di banca, società di gestione del risparmio o società d'intermediazione mobiliare. La gestione patrimoniale può essere mobiliare o in fondi.

Nella **gestione mobiliare**, il patrimonio è investito principalmente in strumenti finanziari (azioni e obbligazioni), sulla base di:
- contratto di mandato, quando la banca ha la facoltà di amministrare il denaro presente sul conto corrente e i titoli in amministrazione;
- contratto di deposito di titoli in amministrazione, quando i titoli sono depositati in attesa della riscossione delle cedole o di essere smobilizzati;
- conto corrente speciale di gestione, quando sono depositate le somme disponibili per eventuali investimenti.

Nella **gestione in fondi**, il capitale versato dai risparmiatori viene investito in un portafoglio diversificato in quote di fondi comuni o Sicav. Il capitale viene strutturato in base alle esigenze del singolo risparmiatore e il fondo rimane di proprietà diretta dell'investitore.

Società a responsabilità limitata

Scheda 55

La **società a responsabilità limitata** (Srl) è una società di capitali che risponde delle obbligazioni sociali solamente con il proprio patrimonio (autonomia patrimoniale perfetta).

La costituzione

La Srl può essere costituita mediante la stipula di un contratto o per atto unilaterale (**Srl unipersonale**), nella forma dell'atto pubblico. Il capitale sociale minimo ammonta a 10.000 euro. L'**atto costitutivo** deve contenere:
- generalità dei soci;
- denominazione sociale, con indicazione del comune in cui la società ha le sedi;
- attività che costituisce l'oggetto sociale;
- capitale sottoscritto e versato;
- conferimenti e quote di partecipazione di ciascun socio;
- norme di funzionamento della società (amministrazione e rappresentanza);
- componenti dell'organo amministrativo e di controllo contabile;
- importo delle spese di costituzione a carico della società.

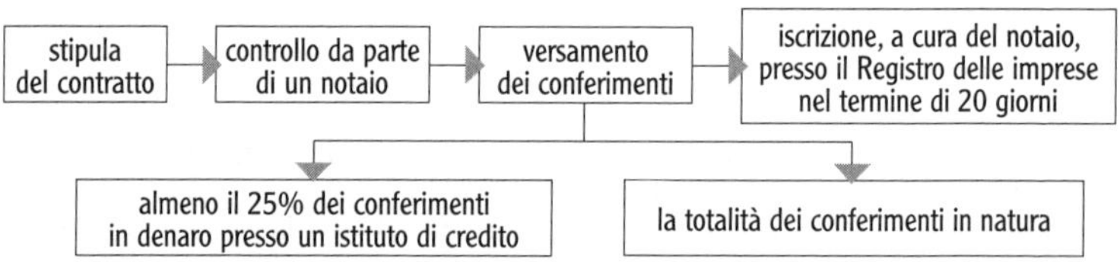

Nel caso di obbligazioni sorte prima dell'iscrizione al Registro delle imprese, la responsabilità è illimitata da parte di chi le ha stipulate.

Nelle Srl unipersonali l'organo amministrativo deve depositare presso il Registro delle imprese una dichiarazione speciale di unipersonalità della società.

L'art. 2463-*bis* c.c. prevede la possibilità di costituire le **società a responsabilità limitata semplificate**; tali società possono essere costituite con un capitale sociale minimo di 1 euro, purché inferiore a 10.000 euro.

I conferimenti

A differenza di quanto avviene nelle società per azioni, nella Srl possono essere conferiti "tutti gli elementi dell'attivo suscettibili di valutazione economica", quindi anche **prestazioni di opera o servizi**, che devono essere però accompagnati da una polizza assicurativa o da una fideiussione bancaria che copra l'intero importo. Nel caso di conferimento di **beni in natura**, la relazione di stima non deve essere necessariamente redatta da un esperto nominato dal tribunale, ma da un esperto scelto dal socio che conferisce. Per il conferimento in **denaro**, il versamento di almeno il 25% al momento della sottoscrizione dell'atto costitutivo può essere sostituito da una polizza o da una fideiussione che lo garantisca.

Le quote e i titoli di debito

Le **quote** rappresentano la misura della partecipazione del socio alla società. Salvo diversa disposizione dell'atto costitutivo, i diritti del socio sono proporzionali alla sua partecipazione e le partecipazioni sono proporzionali ai conferimenti.

L'atto costitutivo può prevedere la possibilità di emanare **titoli di debito**, sottoscrivibili esclusivamente da investitori professionali soggetti a vigilanza. I titoli possono essere diffusi presso il pubblico con il vincolo che colui che li trasferisce sarà garante della solvenza della società, salvo che i titoli non vengano trasferiti ad altri investitori professionali o a soci della società emittente.

Il finanziamento dei soci

Il rimborso dei finanziamenti effettuati dai soci è postergato rispetto alla soddisfazione degli altri creditori sociali e, se avvenuto nell'anno precedente alla dichiarazione di fallimento, deve essere restituito.

I finanziamenti postergati sono solo quelli:

- concessi nel momento in cui alla luce dell'attività svolta risulta un eccessivo squilibrio dell'indebitamento rispetto al patrimonio netto;
- concessi in presenza di una situazione finanziaria nella quale sarebbe stato più opportuno un conferimento.

L'amministrazione e il controllo

In assenza di diverse previsioni statutarie, l'**amministrazione** è affidata a uno o più soci nominati dall'assemblea, che devono chiedere l'iscrizione di tale nomina nel registro delle imprese entro 30 giorni. L'amministrazione può essere affidata anche a soggetti non soci.

In caso di amministrazione collegiale, gli amministratori possono agire congiuntamente o disgiuntamente, salvo che per la redazione dei progetti di bilancio, dei progetti di fusione e di scissione e per decisioni sull'aumento di capitale.

La nomina del **sindaco** da parte dei soci è obbligatoria se per due esercizi consecutivi sono stati superati almeno due dei seguenti limiti:

- totale dell'attivo risultante dallo Stato patrimoniale: 4.400.000 euro;
- ricavi delle vendite e delle prestazioni: 8.800.000 euro;
- dipendenti occupati mediamente nell'esercizio: 50 unità.

L'obbligo cessa se per due esercizi consecutivi due dei predetti limiti non vengono superati.

Il collegio sindacale, che in assenza di diverse disposizioni statutarie è composto da un solo membro effettivo, ha competenza sul controllo contabile, salvo diversa disposizione dell'atto costitutivo, e sul controllo della gestione.

Ogni socio può interrogare gli amministratori in merito allo svolgimento di affari sociali e consultare i libri sociali e i documenti relativi all'amministrazione, purché egli non partecipi all'amministrazione. Tale diritto può essere esercitato anche tramite professionisti di fiducia.

S

Società cooperative

Scheda 56

La **società cooperativa** non ha scopo di lucro, ma scopo mutualistico a favore dei propri soci, a cui offre beni, servizi o posizioni lavorative a condizioni più vantaggiose di quelle di mercato.

Si distinguono cooperative:
- **a responsabilità limitata**, in cui risponde delle obbligazioni sociali solo la società con il suo patrimonio;
- **a responsabilità illimitata**, in cui rispondono delle obbligazioni sociali anche i soci in via solidale e sussidiaria.

TIPI DI SOCIETÀ COOPERATIVE

Cooperative di consumo	Costituite da gruppi di consumatori e/o dettaglianti al fine di acquistare prodotti in grandi quantità e a prezzi vantaggiosi.
Cooperative di produzione e lavoro	Costituite da gruppi di lavoratori al fine di produrre beni o servizi e procurare ai soci opportunità di lavoro e remunerazioni superiori rispetto a quelle di mercato.
Cooperative agricole	Costituite da gruppi di agricoltori e lavoratori agricoli per la coltivazione, la trasformazione, la conservazione, la distribuzione di prodotti agricoli o zootecnici; macchine e impianti per la produzione e la distribuzione di prodotti agricoli, sementi, prodotti utili all'agricoltura, prodotti e sottoprodotti del suolo conferiti dai soci vengono acquistati e utilizzati in comune.
Cooperative edilizie	Costituite per la costruzione di alloggi per uso proprio dei soci; possono essere a proprietà divisa o indivisa.
Cooperative di trasporto	Costituite da lavoratori per il trasporto di cose o persone, carico e scarico di merci, spedizioni e attività ausiliarie (per esempio il facchinaggio).
Cooperative della pesca	Costituite da pescatori per esercitare in comune, con mezzi propri o della cooperativa, la pesca e le attività collaterali, in acque interne e in mare.
Cooperative sociali	Costituite al fine di perseguire l'interesse generale della comunità dei cittadini gestendo servizi socio-sanitari ed educativi e svolgendo attività agricole, industriali, commerciali e di servizi, purché finalizzate all'inserimento lavorativo di persone svantaggiate.
Cooperative di mutuo soccorso	Gestiscono forme di assistenza e di previdenza complementari rispetto a quelle gestite dal sistema degli enti pubblici.
Cooperative miste	Svolgono attività di natura diversa rispetto alle precedenti categorie (cooperative turistiche, di credito ecc.).

Il **capitale sociale** delle cooperative, a differenza di quello delle altre società commerciali, è variabile: aumenta o si riduce in relazione all'ingresso o all'uscita dei soci. Se la responsabilità è limitata, può essere rappresentato sia da quote (di valore non inferiore a 25 euro) sia da azioni (di valore compreso tra 25 e 500 euro). Se la responsabilità è illimitata, può essere rappresentato soltanto da quote.

In base al loro **ruolo sul mercato**, le cooperative possono essere:
- **pure** (non operano scambi di mercato e generalmente non producono utili);
- **spurie** (operano scambi regolati a condizioni di mercato nei confronti di terzi estranei alla società. Gli eventuali utili sono soggetti a vincoli specifici).

I soci delle cooperative si distinguono in:
- **cooperatori** (conferiscono capitale di rischio e prestano la propria opera all'interno della società. Le relative azioni o quote non sono liberamente trasferibili e l'insieme dei voti attribuibili a questa categoria di soci non può superare il limite di 1/3 dei voti complessivi);
- **sovventori** (conferiscono capitale di rischio allo scopo di ottenere una remunerazione; le relative azioni o quote sono liberamente trasferibili).

Le cooperative si costituiscono stipulando un **atto costitutivo**, nella forma di atto pubblico, in cui vanno specificate: la natura della responsabilità patrimoniale assunta dai soci (limitata o illimitata) e l'ammontare del conferimento effettuato da ciascun socio.

Con l'iscrizione nel **registro delle imprese**, la cooperativa acquista personalità giuridica. Al di sotto del numero minimo dei soci previsto in base al tipo di attività prestata, la quantità di soci va reintegrata entro un anno.

Con apposita istanza al Prefetto della provincia presso cui ha sede, la cooperativa può richiedere l'iscrizione nel **registro prefettizio**, che consente di usufruire delle agevolazioni (tributarie e non) previste per il settore della cooperazione, purché lo statuto comprenda le seguenti clausole mutualistiche:
- divieto di distribuzione ai soci cooperatori di dividendi superiori alla remunerazione dei prestiti sociali, che non può superare il tasso dei buoni fruttiferi postali aumentato di due punti e mezzo;
- divieto di distribuire le riserve fra i soci durante la vita societaria;
- in caso di scioglimento della società, devoluzione dell'intero patrimonio sociale, al netto del capitale versato ed eventualmente rivalutato, e dei dividendi eventualmente maturati, ai fondi mutualistici per la promozione e lo sviluppo delle cooperative;
- versamento ai fondi mutualistici per la promozione e lo sviluppo delle cooperative della percentuale degli utili netti annuali prevista dalla legge.

Come le altre società, le cooperative sono soggette al divieto di distribuzione dell'utile in caso di perdita parziale del capitale sociale. Inoltre, il 30% dell'utile netto annuale deve essere accantonato a riserva legale, qualunque sia l'ammontare raggiunto dalla riserva. Un'ulteriore quota dell'utile netto deve essere destinata e versata ai fondi mutualistici per la promozione e lo sviluppo delle cooperative.

La parte residuale può essere destinata, secondo quanto stabilito dall'assemblea e dall'atto costitutivo, ad aumento gratuito del capitale sociale, a riserva statutaria indivisibile o alla distribuzione di dividendi ai soci. La parte che residua dopo queste ulteriori destinazioni deve obbligatoriamente essere destinata a scopi mutualistici.

Società di capitali: aspetti generali

Scheda 57

Le **società di capitali** sono caratterizzate da:
- responsabilità limitata al capitale conferito per le obbligazioni contratte dalla società;
- misura minima del capitale sociale;
- possibilità di nominare amministratori non soci;
- libera trasferibilità della partecipazione;
- dotazione della personalità giuridica;
- autonomia patrimoniale perfetta (separazione tra patrimonio sociale e individuale dei soci).

La regola della responsabilità limitata implica che il capitale di rischio costituisca la variabile economica fondamentale, rappresentando l'unica forma di garanzia per i terzi.

Giuridicamente, le società di capitali possono essere società per azioni (Spa), in accomandita per azioni (Sapa) o a responsabilità limitata (Srl).

Fondamenti per la costituzione di una società di capitali

La legge prevede una rigorosa procedura al fine di accertare la sussistenza delle condizioni richieste per la concessione del beneficio della responsabilità limitata.

La procedura è articolata in due fasi:
- stipula del contratto, nella forma di atto pubblico, davanti a un notaio; è la redazione dell'atto costitutivo e dello statuto; quest'ultimo contiene le norme riguardanti l'organizzazione, il funzionamento e lo scioglimento della società ed è parte integrante dell'atto costitutivo;
- iscrizione nel registro delle imprese; accertata la legittimità del contratto sociale, il notaio ne effettua il deposito per l'iscrizione nel registro delle imprese, con cui la società acquista personalità giuridica. A essa provvede l'apposito ufficio presso la locale Camera di commercio, previo controllo della regolarità formale della documentazione presentata.

Il Codice civile prevede due modalità di stipulazione del contratto, simultanea (le dichiarazioni di volontà dei singoli contraenti e la stipulazione dell'atto sono contemporanee) e per pubblica sottoscrizione.

La **stipulazione per pubblica sottoscrizione**, applicabile solo alle Spa, è complessa e poco utilizzata. Elaborato un programma con l'oggetto, il capitale e le principali caratteristiche della nuova società, i soggetti interessati possono sottoscrivere le azioni e versare il 25% dei conferimenti in denaro. I soci promotori convocano poi l'assemblea dei sottoscrittori che, alla presenza di un notaio, delibera l'atto costitutivo e nomina amministratori e membri del collegio sindacale.

La **stipulazione simultanea** è la più frequente e richiede i seguenti adempimenti.

Prima della stipula del contratto	- Versamento del 25% dei conferimenti in denaro o dell'intero ammontare (in caso di costituzione con atto unilaterale: società con un unico socio). - Relazione giurata di stima di un esperto nominato dal presidente del tribunale per i conferimenti di beni in natura o di crediti. - Conseguimento delle autorizzazioni amministrative eventualmente necessarie per la costituzione, in base al tipo di attività svolta.
Dopo la stipula dell'atto costitutivo, tramite notaio	- Registrazione dell'atto costitutivo presso l'Agenzia delle entrate e pagamento dell'imposta di registro in misura fissa. - Deposito dell'atto costitutivo presso il registro delle imprese, allegando i documenti comprovanti il versamento dei conferimenti in denaro e, per i conferimenti in natura, la relazione dell'esperto e le eventuali autorizzazioni amministrative per la costituzione.
Dopo l'iscrizione al registro delle imprese	- Versamento dell'imposta proporzionale di registro dovuta in caso di conferimento di beni immobili. - Iscrizione dell'accettazione della carica da parte di amministratori e sindaci. - Dichiarazione d'inizio attività all'Agenzia delle entrate, con richiesta di attribuzione del numero di partita Iva. - Trasmissione dell'atto costitutivo all'Agenzia delle entrate.

Infine, prima della vidimazione iniziale dei libri, le società di capitali devono versare la tassa di concessione governativa, d'importo forfettario, per la numerazione e la bollatura dei libri contabili. Lo stesso importo deve essere versato poi ogni anno.

La denominazione e la sede

Lo statuto deve contenere obbligatoriamente l'indicazione della denominazione sociale, della forma giuridica, del Comune in cui è posta la sede e le eventuali sedi secondarie. L'indirizzo integrale della sede sociale deve invece essere comunicato esclusivamente all'ufficio del registro delle imprese e all'Agenzia delle entrate. Qualora i soci intendano indicare nello statuto l'indirizzo completo, ogni successivo cambiamento comporta l'obbligo di una specifica delibera assembleare di modifica dello statuto, con adempimenti notarili e di trascrizione.

L'oggetto sociale

All'interno dello statuto deve essere analiticamente indicata l'attività che costituisce l'oggetto sociale, ossia il settore economico e commerciale specifico in cui la società intende operare. Non è consentita l'indicazione di attività generiche ed è necessario fare riferimento analitico anche alle attività secondarie connesse a quella principale.

Società in accomandita

Scheda 58

La **società in accomandita** si caratterizza per la presenza di:
- **soci accomandanti**, tenuti solo al conferimento e responsabili per le obbligazioni societarie limitatamente alle quote conferite (salvo che il loro nome compaia nella ragione sociale, in tale caso rispondono illimitatamente e solidalmente);
- **soci accomandatari**, che rispondono solidalmente e illimitatamente per le obbligazioni sociali e amministrano la società disgiuntamente, salvo diversa previsione statutaria.

La società in accomandita semplice (Sas)

La **costituzione** di una Sas deve avvenire mediante atto pubblico o scrittura privata autenticata, pena l'irregolarità della società. Essa deve essere iscritta nel **registro delle imprese** entro 30 giorni dalla costituzione a cura del notaio o degli amministratori e agisce sotto una **ragione sociale** costituita dal nome di almeno uno dei soci accomandatari. È priva di personalità giuridica, ma può svolgere attività commerciale. L'autonomia patrimoniale è imperfetta.

L'**amministrazione** della società è interdetta ai soci accomandanti, che non possono concludere o trattare affari in nome della società se non muniti di procura speciale. Il potere amministrativo dei soci accomandatari è inteso disgiuntamente, ma è possibile scegliere il sistema congiuntivo e limitare amministrazione e rappresentanza ad alcuni soci. Se l'amministratore è nominato con atto separato, occorre il consenso di tutti gli accomandatari e della maggioranza degli accomandanti.

I **poteri dell'accomandante** traggono origine dalla legge e dai patti sociali:
- **poteri legali**; l'art. 2320 c.c. consente di prestare la propria opera sotto la direzione degli amministratori; l'art. 2323 c.c. dà il potere di nominare un amministratore provvisorio per gli atti di ordinaria amministrazione quando vengano a mancare tutti gli accomandatari;
- **poteri pattizi**; riguardano prevalentemente l'allargamento dei poteri di immistione, ovvero il potere di dare autorizzazioni e pareri per determinate operazioni, compiere ispezioni e atti di sorveglianza.

Gli accomandanti hanno inoltre diritto a ricevere comunicazione annuale del bilancio e di controllarne l'esattezza, attraverso la consultazione dei libri contabili e degli altri documenti.

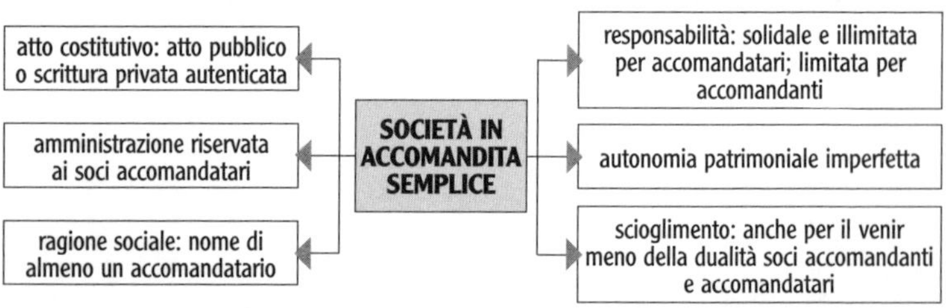

La società in accomandita per azioni (Sapa)

Il sistema di **amministrazione** e **controllo** può essere articolato, anche per le Sapa, nella versione dualistica; l'opzione per tale soluzione comporta l'amministrazione collegiale. Se è presente il **consiglio di gestione**, il numero minimo dei suoi componenti non può essere inferiore a due.

Alle Sapa si applicano le norme relative alla società per azioni.

La Sapa si distingue dalla Sas perché:
- la qualità di socio accomandatario e amministratore sono inscindibili (nella Sas il socio accomandatario non è necessariamente amministratore);
- il socio accomandatario risponde per il periodo in cui mantiene la carica di amministratore. In particolare, in caso di cessazione dalla carica, l'amministratore non risponde delle obbligazioni sociali successive all'iscrizione della cessazione stessa presso il Registro delle imprese.

Il socio accomandatario, salvo revoca, può mantenere la carica di amministratore permanentemente. La revoca degli amministratori deve essere deliberata con la maggioranza prevista per le deliberazioni dell'assemblea straordinaria della Spa; se la società è organizzata con il sistema dualistico, la competenza spetta al consiglio di sorveglianza.

La **denominazione** della società deve riportare almeno uno dei soci accomandatari con l'indicazione del tipo di società, affinché i terzi possano identificare uno degli amministratori. Gli accomandatari devono essere inoltre espressamente indicati nell'**atto costitutivo**.

Per le modificazioni dell'atto costitutivo sono richieste maggioranze fissate per l'assemblea straordinaria delle Spa, con l'approvazione unanime dei soci accomandatari.

Lo **scioglimento** avviene se cessano tutti gli amministratori e se non sono sostituiti nel termine di 180 giorni. In questo semestre viene nominato dal collegio sindacale un amministratore provvisorio, che svolge solo atti di ordinaria amministrazione e non riveste la qualifica di socio accomandatario.

S

Società per azioni

Scheda 59

La **società per azioni** (Spa) è una società il cui capitale sociale è frazionato in azioni, ognuna delle quali rappresenta una quota di partecipazione e incorpora i diritti sociali inerenti alla quota stessa.
Essa si caratterizza per l'autonomia patrimoniale perfetta: il patrimonio della società è infatti distinto e indipendente rispetto a quello dei soci, che non rispondono delle obbligazioni sociali. La responsabilità dei soci è quindi limitata, in via di principio, alla sola quota di partecipazione.

SOCIETÀ PER AZIONI

- rischio limitato
- azioni che rappresentano la partecipazione dei soci
- suddivisione dei poteri tra i vari organi sociali

La costituzione

Una Spa è validamente costituita se vengono rispettate le seguenti condizioni:
- stipula di un contratto associativo tra due o più persone o di un atto unilaterale (**Spa uninominale**);
- redazione di un atto costitutivo e di uno statuto nella forma dell'atto pubblico;
- sottoscrizione del capitale sociale, il cui valore non deve essere inferiore a 50.000 euro;
- deposito dell'atto costitutivo e iscrizione della società presso il Registro delle imprese: tale passaggio è necessario per l'acquisizione della personalità giuridica.

Eventuali atti posti in essere nel periodo che intercorre tra la stipula dell'atto costitutivo e la sua iscrizione nel registro sono riconducibili al soggetto che li ha compiuti, che ne risponde personalmente; tali atti, possono essere successivamente ratificati dalla società che, in tal caso, ne risponde nei confronti dei terzi, sollevando il socio che ha agito.

I patti parasociali

I patti parasociali sono stipulati fra soci al fine di regolare i comportamenti che essi dovranno tenere all'interno della società e possono riguardare:
- il finanziamento e la gestione della società;
- l'obbligo di mantenere la qualifica di soci per un certo periodo minimo;
- le modalità di smobilizzo della partecipazione oppure di liquidazione della società.

I conferimenti

Nella Spa i conferimenti possono essere effettuati:
- **in denaro**; al momento della sottoscrizione è sufficiente l'effettivo versamento anche solo del 25%, a eccezione delle Spa uninominali, per le quali il conferimento deve essere integralmente versato;

- **in natura**; una relazione giurata di un esperto nominato dal tribunale deve attestare il valore del conferimento e viene controllata entro 180 giorni dagli amministratori. Se la differenza tra valore dichiarato ed effettivo è di oltre un quinto, essi possono decidere di ridurre proporzionalmente il capitale sociale. In alternativa il socio può recedere dalla società o integrare la differenza.

Il conferimento non può consistere in prestazioni d'opera o di servizi e, una volta effettuato, viene prelevato dagli amministratori a seguito dell'iscrizione della società nel Registro delle imprese.

Gli strumenti finanziari

Una Spa può finanziarsi sia con l'indebitamento bancario sia con l'emissione di strumenti finanziari.

Le categorie di strumenti finanziari si differenziano in base al livello di rischio che presentano, espresso in termini di remunerazione durante il rapporto e di restituzione dell'investimento: si va dal rischio massimo delle **azioni** a quello minimo delle **obbligazioni**, con un'ampia gamma di strumenti intermedi.

Gli **strumenti finanziari partecipativi** presentano un grado di rischio minore rispetto alle azioni e maggiore rispetto alle obbligazioni. Possono incorporare varie tipologie di diritti amministrativi e patrimoniali, escluso il diritto di voto in assemblea generale (salvo se è limitato a specifiche materie, come l'approvazione del bilancio). Lo statuto disciplina le modalità e le condizioni di emissione, i diritti che tali strumenti conferiscono, le sanzioni in caso d'inadempimento e, se ammessa, la modalità di circolazione. Ai possessori di tali strumenti può essere inoltre riservata la nomina di un componente degli organi amministrativi e di controllo.

I patrimoni destinati a uno specifico affare

Ricorrendo alcune condizioni, la società può separare una parte del proprio patrimonio per destinarlo a uno specifico affare, disponendo che delle obbligazioni relative risponda solo il patrimonio destinato e che i creditori sociali non possano soddisfarsi su tale patrimonio. In tal modo la società subisce un'ulteriore limitazione di responsabilità, oltre a venire finanziata. Sullo specifico affare possono essere emessi anche strumenti finanziari.

Il legislatore consente infine alla società di stipulare uno specifico contratto di finanziamento con un soggetto che accetti di essere rimborsato e remunerato, interamente o parzialmente, sui proventi dell'affare finanziato. Il valore di un patrimonio dedicato non può superare tuttavia il 10% del patrimonio netto della società.

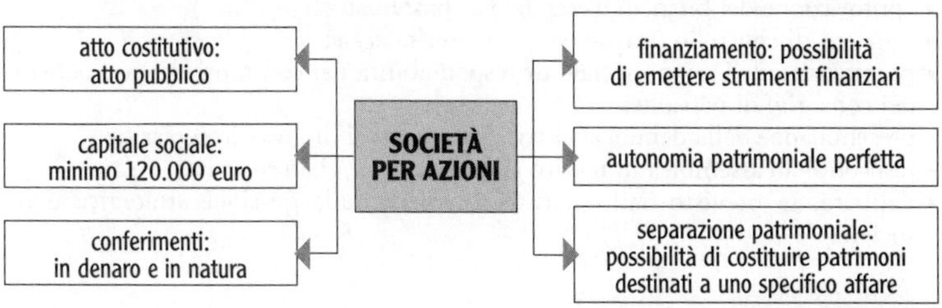

S

Società per azioni: sistemi di governance

Scheda 60

I diversi sistemi di amministrazione *(governance)* possono essere liberamente scelti dall'assemblea dei soci con una specifica previsione statutaria, ferme restando le esclusive competenze degli amministratori circa la gestione dell'impresa.

Il sistema tradizionale

Il **sistema tradizionale** viene applicato in assenza di una diversa scelta specifica e si basa sulla netta distinzione tra un organo di gestione e un organo di controllo.

Organo di gestione	Amministratore unico o consiglio di amministrazione.
Organo di controllo	Collegio sindacale, cui è sottratto il controllo contabile, affidato obbligatoriamente a un revisore, persona fisica o società di revisione, iscritto nel registro istituito presso il Ministero della giustizia. Nelle società che ricorrono al mercato del capitale di rischio, il controllo contabile deve essere affidato necessariamente a una società di revisione che, limitatamente a tale attività, è soggetta alla vigilanza della Consob. L'art. 2409-*bis* c.c. prevede la possibilità, per le società non quotate e non tenute alla redazione del bilancio consolidato, di affidare il controllo contabile al collegio sindacale, purché integralmente composto da revisori iscritti nell'apposito registro.

Il sistema dualistico

Il **sistema dualistico** è caratterizzato da una struttura per cui l'assemblea elegge un organo denominato consiglio di sorveglianza, il quale elegge a sua volta un consiglio di gestione.

Il **consiglio di sorveglianza** è l'organo centrale ed è costituito da almeno tre componenti. Tale organo dura in carica tre anni e i membri sono rieleggibili e revocabili, anche senza giusta causa.

Al consiglio di sorveglianza sono attribuite funzioni di vigilanza nonché funzioni tipiche sia dell'assemblea dei soci sia del collegio sindacale:
- nomina e revoca dei componenti del consiglio di gestione, fissandone la retribuzione, salvo che lo statuto non riservi tale potere all'assemblea;
- approvazione del bilancio d'esercizio e consolidato;
- funzioni di controllo tipiche del collegio sindacale;
- promozione dell'azione sociale di responsabilità nei confronti dei componenti del consiglio di gestione;
- presentazione della denuncia al tribunale nei casi di gravi irregolarità;
- resoconto all'assemblea in merito all'attività di vigilanza svolta;
- delibera, se previsto dallo statuto, in merito alla gestione strategica della società.

Il **consiglio di gestione** ha la responsabilità esclusiva della gestione e direzione dell'impresa e compie tutte le operazioni necessarie per l'attuazione dell'oggetto sociale.

Tale organo è composto da almeno due membri, anche non soci, purché non siano membri del consiglio di sorveglianza. I primi componenti vengono nominati nell'atto costitutivo; successivamente sono nominati dal consiglio di sorveglianza, previa determinazione del loro numero, nei limiti stabiliti dallo statuto.

Lo statuto può riservare ai possessori di strumenti finanziari partecipativi la nomina di un componente indipendente del consiglio di gestione, indicando le modalità di tale nomina.

I consiglieri di gestione restano in carica per un periodo non superiore a tre esercizi, con scadenza alla data della riunione del consiglio di sorveglianza convocato per l'approvazione del bilancio del terzo esercizio. Essi sono rieleggibili salvo diversa disposizione statutaria.

Nel modello dualistico l'**assemblea** viene spogliata di due importanti funzioni:
- l'approvazione del bilancio (la legge prevede tuttavia la possibilità che, in caso di mancata approvazione o qualora un terzo dei membri del consiglio di gestione o di sorveglianza lo chiedano, l'approvazione sia demandata all'assemblea);
- l'elezione degli amministratori.

Il sistema monistico

Nel **modello monistico** l'amministrazione della società è affidata a un consiglio di amministrazione collegiale, che nomina, scegliendo fra i propri membri, l'organo di controllo sulla gestione.

ORGANI PRESENTI NEL SISTEMA MONISTICO	
Consiglio di amministrazione	È nominato dall'assemblea dei soci e deve essere composto per almeno un terzo da membri che rispettino i requisiti d'indipendenza dei sindaci. È consentita la delega di funzioni e la costituzione del comitato esecutivo.
Comitato interno per il controllo sulla gestione	È nominato e revocato dal consiglio di amministrazione ed è composto da amministratori non esecutivi, in possesso dei requisiti d'indipendenza e professionalità. Il controllo contabile è affidato a un revisore, persona fisica o società di revisione, iscritto nel registro dei revisori contabili istituito presso il Ministero della giustizia. Nelle società che ricorrono al mercato del capitale di rischio, il controllo contabile è obbligatoriamente esercitato da una società di revisione.

Il sistema monistico è differente rispetto a quello tradizionale per i seguenti motivi:
- l'amministrazione non può essere affidata a un amministratore unico;
- non è presente il collegio sindacale.

Il sistema monistico può essere adottato dalla società solo mediante un'espressa previsione statutaria, in assenza della quale si applica la disciplina del modello tradizionale.

A differenza del modello tradizionale, in cui l'assemblea elegge separatamente gli organi di amministrazione e di controllo, nel modello monistico i controllori vengono scelti dagli stessi soggetti controllati.

Società semplice e in nome collettivo

Scheda 61

Nelle **società di persone** i soci rispondono illimitatamente e solidalmente per qualsiasi debito contratto nell'esercizio dell'attività. Tale responsabilità è sussidiaria: i creditori sociali possono cioè rivalersi sui patrimoni dei singoli soci solo se il patrimonio sociale si rivela insufficiente.

La società semplice

La **società semplice** è una società di persone costituita per l'esercizio di attività non commerciali e di forme associate delle attività libero-professionali.

L'**atto costitutivo** non è soggetto a forme speciali, salvo quelle richieste dalla natura dei beni conferiti, mentre è obbligatoria l'iscrizione in una sezione speciale del registro delle imprese.

L'**amministrazione della società**, se non pattuito diversamente, spetta a ciascun socio disgiuntamente dagli altri. Inoltre, se il contratto non dispone diversamente, la rappresentanza spetta a ciascun socio amministratore e si estende a tutti gli atti che rientrano nell'oggetto sociale.

Per quanto riguarda la **responsabilità**, tutti i soci rispondono solidalmente e illimitatamente per le obbligazioni sociali. I creditori sociali possono aggredire i beni personali dei soci, anche se il socio fruisce di un ridotto beneficio di preventiva escussione del patrimonio sociale e può quindi invitare il creditore ad agire preventivamente sui beni della società, indicando quelli di più facile e pronta convertibilità in denaro. I creditori particolari del socio possono chiedere la liquidazione della quota del socio debitore (autonomia patrimoniale imperfetta della società) solo se dimostrano che gli altri suoi beni sono insufficienti a soddisfare i loro crediti.

La società semplice si scioglie in caso di:
- decorso del termine;
- conseguimento dell'oggetto sociale o sopravvenuta impossibilità di conseguirlo;
- volontà di tutti i soci;
- venire meno della pluralità dei soci, se nel termine di sei mesi questa non è ricostituita;
- altre eventuali cause previste nel contratto sociale.

Lo scioglimento del rapporto in capo a un singolo socio può invece avvenire per morte, recesso o esclusione, di diritto o facoltativa (cioè per volontà degli altri soci).

La società in nome collettivo

La società in nome collettivo agisce sotto una **ragione sociale** costituita dal nome di uno o più soci con l'indicazione del rapporto sociale, e può esercitare sia attività commerciali sia attività non commerciali. Il reddito prodotto è comunque da considerarsi reddito d'impresa.

La società può essere **costituita** mediante la stipula di un atto pubblico o scrittura privata autenticata; l'inosservanza di tale adempimento comporta il divieto d'iscrizione nel registro delle imprese e, conseguentemente, l'irregolarità della società.

L'**amministrazione**, in mancanza di diversa pattuizione, spetta disgiuntamente a tutti i soci, che devono essere espressamente indicati nell'atto costitutivo.

Per quanto riguarda la **responsabilità**, tutti i soci rispondono solidalmente e illimitatamente per le obbligazioni sociali. Nel caso in cui è stato stabilito un patto contrario, questo non ha effetto nei confronti dei terzi.

I creditori sociali possono far valere i loro diritti sui beni della società. Il divieto dei creditori sociali di agire direttamente nei confronti dei soci cessa solo dopo la preventiva escussione del patrimonio sociale. I creditori particolari del socio, durante la vita della società, non possono chiedere la liquidazione della quota del socio debitore (autonomia patrimoniale imperfetta rafforzata).

A carico dei soci vige il **divieto di concorrenza**: salvo deroga, nessun socio può infatti svolgere, per conto proprio, un'attività concorrente con quella della società di cui fa parte, né può partecipare in qualità di socio illimitatamente responsabile a un'altra società concorrente. L'attività in concorrenza potrà essere svolta solo se con il consenso degli altri soci.

La società in nome collettivo **si scioglie** per:
- decorso del termine;
- conseguimento dell'oggetto sociale o sopravvenuta impossibilità di conseguirlo;
- volontà di tutti i soci;
- venir meno della pluralità dei soci, se nel termine di sei mesi questa non è ricostituita;
- dichiarazione di fallimento (solo se ha per oggetto un'attività commerciale);
- provvedimento dell'autorità governativa;
- altre eventuali cause previste nel contratto sociale.

Lo scioglimento del rapporto in capo a un singolo socio può invece avvenire per morte, recesso o esclusione di diritto o facoltativa (cioè per volontà degli altri soci).

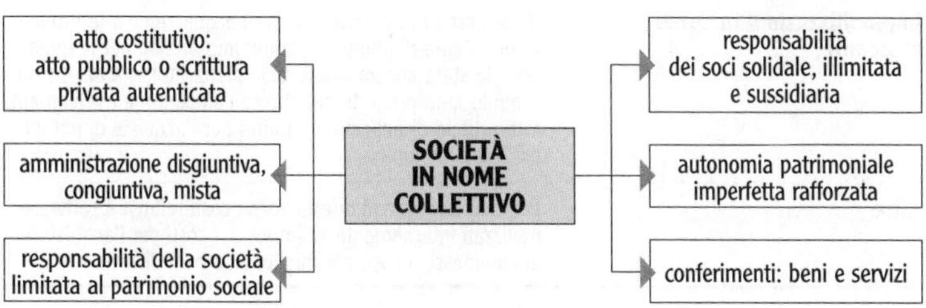

S

Stato patrimoniale attivo: contenuto delle voci

Scheda 62

Oltre a quelle specificamente indicate, il Codice civile consente di aggiungere altre voci, indicate come voci residuali. È ammesso anche il raggruppamento, solo, però, quando l'importo delle voci raggruppate è di poca consistenza o quando viene favorita la chiarezza del bilancio. Infine le voci contrassegnate da numeri arabi possono essere ulteriormente suddivise utilizzando le lettere minuscole dell'alfabeto.

A) Crediti verso soci per versamenti ancora dovuti

Vanno inseriti in questa voce i crediti verso soci relativi alla costituzione o all'aumento del capitale sociale e simili, indicando separatamente quelli già richiamati da quelli non ancora richiamati.

B) Immobilizzazioni

Rientrano in questa voce gli elementi del patrimonio impiegati durevolmente nell'attività dell'impresa. Si tratta di beni che, esposti al netto dei fondi di ammortamento, costituiscono la struttura fissa dell'impresa, ossia la struttura produttiva.

IMMOBILIZZAZIONI IMMATERIALI	
Costi di impianto e di ampliamento	Costi sostenuti per la costituzione della società, per la struttura organizzativa aziendale e per l'ampliamento della società e dell'azienda.
Costi di sviluppo	Sono sostenuti per lo sviluppo di specifici prodotti o processi.
Brevetto industriale e diritti di utilizzazione delle opere dell'ingegno	Si tratta di brevetti industriali, brevetti per modelli di utilità e per modelli e disegni ornamentali, dei diritti d'autore e dei costi sostenuti per l'acquisto di software applicativi.
Concessioni, licenze, marchi	Vi rientrano le concessioni di beni e servizi pubblici, le licenze, i marchi, le licenze d'uso, i contratti di know-how.
Avviamento	Può essere iscritto tra le immobilizzazioni solo l'avviamento acquisito a titolo oneroso.
Immobilizzazioni in corso e acconti	Vi rientrano i costi sostenuti per l'acquisizione o la produzione interna di immobilizzazioni immateriali per le quali non sia stata ancora acquisita la piena titolarità del diritto o riguardanti progetti non ancora completati e i versamenti fatti a titolo di anticipo a fornitori per l'acquisto di immobilizzazioni immateriali.
Altre	Possono rientrare in questa voce i costi relativi a software realizzati internamente all'impresa, i costi per l'acquisizione di commesse, i costi per migliorie su beni di terzi.

Le **immobilizzazioni materiali** possono essere rivalutate solo se la rivalutazione è prevista da una legge ad hoc. Non sono infatti ammesse rivalutazioni discrezionali o volontarie. Per quanto riguarda invece le svalutazioni, l'art. 2426 c.c. prevede che l'immobilizzazione che, alla data della chiusura dell'esercizio, risulti durevolmente di valore inferiore rispetto al costo d'acquisto o di produzione diminuito delle quote di ammortamento, deve essere iscritta a tale minor valore; questo non può essere mantenuto nei successivi bilanci se sono venuti meno i motivi della rettifica effettuata.

Rientrano infine tra le **immobilizzazioni finanziarie** i titoli e le partecipazioni che costituiscono un investimento duraturo, quindi strategicamente a lungo termine, secondo i piani e i programmi aziendali. Vi rientrano quei crediti che derivano non da operazioni commerciali, ma da finanziamenti e prestiti concessi a imprese del gruppo (collegate, controllate, controllanti e imprese sottoposte al controllo di queste ultime), a clienti, dipendenti o altri soggetti; questi crediti devono essere sempre suddivisi in base alla scadenza entro o oltre l'esercizio successivo.

C) Attivo circolante

RIMANENZE	
Materie prime, sussidiarie e di consumo	Materie prime e materiali che rappresentano gli input del processo produttivo per i materiali di consumo, come imballaggi, carburanti e lubrificanti, pezzi di ricambio, cancelleria e stampati ecc.
Prodotti in corso di lavorazione e semilavorati e lavori in corso su ordinazione	Beni che non hanno ancora terminato il processo produttivo.
Prodotti finiti e merci	Beni destinati alla vendita, provenienti dalla lavorazione interna o acquistati per poi essere successivamente venduti senza subire particolari lavorazioni (le merci).
Acconti	Acconti versati per acquisti di beni o di servizi ancora da ricevere.

Rientrano nella voce **crediti** quelli derivanti da operazioni di gestione ordinaria sia verso la clientela, sia verso imprese del gruppo, sia verso altri; anche questi crediti vanno suddivisi in base alla scadenza entro od oltre l'esercizio successivo. Sono soggetti a svalutazione per il rischio di insolvenza e devono perciò essere esposti al netto della svalutazione.

Sono **attività finanziarie che non costituiscono immobilizzazioni** i titoli e le partecipazioni che costituiscono un investimento non duraturo, in quanto i titoli sono destinati alla negoziazione. Le disponibilità liquide comprendono i depositi bancari e postali (iscritti al presumibile valore di realizzo), gli assegni, il denaro e il valore in cassa (compresi i valori bollati e le monete estere).

D) Ratei e risconti

- Valori di competenza dell'esercizio in chiusura ma la cui manifestazione finanziaria non si è ancora verificata (**ratei**).
- Valori la cui manifestazione finanziaria si è già verificata, ma la cui competenza è dell'esercizio successivo (**risconti**).

S

Stato patrimoniale e Conto economico delle banche

Scheda 63

La disciplina e i criteri di redazione

Il bilancio delle imprese bancarie è disciplinato dal d.lgs. n. 136 del 18 agosto 2015. La Banca d'Italia ha fornito una serie di istruzioni, fra cui:

- i conti e i relativi valori dello S.P. e del C.E. devono derivare dalle scritture contabili;
- la nota integrativa non deve necessariamente avere derivazione contabile.

Il **sistema delle rilevazioni** deve utilizzare un piano dei conti e criteri di contabilizzazione che consentano di predisporre il bilancio in conformità agli schemi imposti dalla legge. La coerenza tra sistema contabile, voci e valori di bilancio deve essere assicurata da apposite scritture di riclassificazione con lo scopo di:
- riprendere voci e saldi contabili mediante aggregazioni e disaggregazioni; tali saldi vanno ricomposti in modo che coincidano con le voci e i valori che devono comparire in S.P. e C.E.;
- rappresentare in bilancio le operazioni aziendali, secondo i criteri di legge.

Al termine dell'esercizio devono essere effettuate le seguenti operazioni:
- capitalizzazione degli interessi passivi (su depositi a risparmio e su c/c passivi) e attivi (su c/c attivi e su altre forme di impiego);
- rilevazione dei ratei attivi e passivi sulle operazioni che prevedono la contabilizzazione posticipata degli interessi (ad esempio mutui e finanziamenti a breve, medio e lungo termine) e sugli interessi e altri proventi su titoli di proprietà;
- rilevazione dei risconti attivi e passivi sulle operazioni che prevedono gli interessi contabilizzati anticipatamente;
- separazione dei conti correnti con la clientela, distinti tra saldi debitori e saldi creditori;
- rilevazione del risultato ottenuto su operazioni finanziarie.

Oltre che a quelli generali indicati dall'art. 2423-*bis* c.c., il bilancio delle banche deve sottostare a tre specifici principi di redazione illustrati nella tabella che segue.

PRINCIPI DI REDAZIONE PER IL BILANCIO DELLE BANCHE	
Prevalenza della sostanza sulla forma	Gli aspetti economici e finanziari delle operazioni devono prevalere su quello giuridico: la forma dei contratti è quindi subordinata alla sostanza economica e finanziaria che le operazioni stesse producono.
Prevalenza della data di regolamento su quella di contrattazione	Il momento dell'esecuzione del contratto deve prevalere su quello di stipula (ad esempio, nelle operazioni in titoli e in cambi).
Prevalenza della prudenza sulla competenza	Alcuni componenti di reddito maturati con certezza nel periodo in chiusura possono non essere rappresentati in bilancio se sussistono fondati motivi per ritenerli non realizzabili. La prudenza prevale sulla competenza purché non vi sia formazione di riserve non esplicite.

Lo Stato patrimoniale

Le voci dell'attivo sono esposte in ordine di liquidità decrescente (tranne le ultime).

Particolare rilevanza assume la voce del passivo relativa ai **fondi per rischi e oneri**, costituiti per coprire perdite, oneri o debiti di natura determinata, di esistenza probabile o certa, dei quali tuttavia alla data di chiusura dell'esercizio sono indeterminati l'ammontare o la data di sopravvenienza. Questi fondi non possono avere la funzione di rettificare valori dell'Attivo e non possono superare l'importo necessario alla copertura dei rischi a fronte dei quali sono stati costituiti.

Il **fondo per rischi bancari generali** è destinato a coprire i rischi propri delle operazioni finanziarie con il vincolo che il saldo di utilizzo del fondo (saldo delle dotazioni e dei prelievi) sia iscritto in apposita voce del Conto economico.

Le voci dell'Attivo e del Passivo, con contrapposizione dei valori relativi agli anni *n* e *n*–1 sono quelli illustrati nella tabella che segue.

VOCI DELL'ATTIVO	**VOCI DEL PASSIVO**
10. Cassa e disponibilità liquide	10. Debiti verso banche
20. Attività finanziarie detenute per la negoziazione	20. Debiti verso clientela
30. Attività finanziarie valutate al *fair value*	30. Titoli in circolazione
40. Attività finanziarie disponibili per la vendita	40. Passività finanziarie di negoziazione
50. Attività finanziarie detenute sino alla scadenza	50. Passività finanziarie valutate al *fair value*
60. Crediti verso banche	60. Derivati di copertura
70. Crediti verso la clientela	70. Adeguamento di valore delle passività finanziarie oggetto di copertura generica (+/–)
80. Derivati di copertura	80. Passività fiscali: a) correnti b) differite
90. Adeguamento di valore delle attività finanziarie oggetto di copertura generica (+/–)	90. Passività associate ad attività in via di dismissione
100. Partecipazioni	100. Altre passività
110. Attività materiali	110. Trattamento di fine rapporto del personale
120. Attività immateriali di cui: avviamento	120. Fondi per rischi e oneri: a) quiescenza e obblighi simili b) altri fondi
130. Attività fiscali: a) correnti b) anticipate	130. Riserve da valutazione
140. Attività non correnti e gruppi di attività in via di dismissione	140. Azioni rimborsabili
150. Altre attività	150. Strumenti di capitale
	160. Riserve
	170. Sovrapprezzi di emissione
	180. Capitale
	190. Azioni proprie (–)
	200. Utile (Perdita) d'esercizio (+/–)
Totale Attivo	**Totale Passivo e Patrimonio netto**

Scheda 63

Il Conto economico

Il Conto economico si presenta, come per le altre imprese, in forma scalare e con evidenziazione dei valori relativi agli anni *n* e *n–1*.

VOCI DEL CONTO ECONOMICO	
10.	Interessi attivi e proventi assimilati
20.	Interessi passivi e oneri assimilati
30.	**Margine d'interesse**
40.	Commissioni attive
50.	Commissioni passive
60.	**Commissioni nette**
70.	Dividendi e proventi simili
80.	Risultato netto dell'attività di negoziazione
90.	Risultato netto dell'attività di copertura
100.	Utili (perdite) da cessione o riacquisto di: a) crediti b) attività finanziarie disponibili per la vendita c) attività finanziarie detenute sino alla scadenza d) passività finanziarie
110.	Risultato netto delle attività e passività finanziarie valutate al *fair value*
120.	**Margine d'intermediazione**
130.	Rettifiche/riprese di valore nette per deterioramento di: a) crediti b) attività finanziarie disponibili per la vendita c) attività finanziarie detenute sino alla scadenza d) altre operazioni finanziarie
140.	**Risultato netto della gestione finanziaria**
150.	Spese amministrative: a) spese per il personale b) altre spese amministrative
160.	Accantonamenti netti ai fondi per rischi e oneri
170.	Rettifiche/riprese di valore nette su attività materiali
180.	Rettifiche/riprese di valore nette su attività immateriali
190.	Altri oneri/proventi di gestione
200.	**Costi operativi**
210.	Utili (Perdite) delle partecipazioni
220.	Risultato netto della valutazione al *fair value* delle attività materiali e immateriali
230.	Rettifiche di valore dell'avviamento
240.	Utili (Perdite) da cessione di investimenti
250.	**Utile (Perdita) dell'operatività corrente al lordo delle imposte**
260.	Imposte sul reddito dell'esercizio dell'operatività corrente
270.	**Utile (Perdita) dell'operatività corrente al netto delle imposte**
280.	Utile (Perdita) dei gruppi di attività in via di dismissione al netto delle imposte
290.	**Utile (Perdita) d'esercizio**

Gli **interessi attivi e proventi assimilati** comprendono:

- interessi sulle operazioni attive effettuate con la clientela ordinaria, con altre banche (c/c, anticipazioni, sconti di effetti ecc.) e con la Banca d'Italia;

- interessi su titoli di debito, dello Stato e privati;
- proventi derivanti da altre operazioni attive (riporti, pronti contro termine ecc.);
- premi di rimborso e gli aggi su titoli.

Gli **interessi passivi e oneri assimilati** comprendono:
- interessi sulle operazioni di raccolta effettuate con la clientela ordinaria, con altre banche e con la Banca d'Italia;
- oneri derivanti da altre operazioni di provvista (riporti, pronti contro termine ecc.).

I **dividendi e proventi simili** si riferiscono ad azioni o quote detenute in portafoglio, che non siano valutate in base al metodo del patrimonio netto. I dividendi rientranti in gruppi di attività che saranno dimesse a breve, vanno ricompresi nella voce 280.

Il **risultato netto dell'attività di negoziazione** comprende:
- saldo dei profitti e delle perdite di operazioni classificate nelle attività finanziarie detenute per la negoziazione e nelle passività finanziarie di negoziazione;
- saldo tra i profitti e le perdite di operazioni finanziarie, diverse da quelle valorizzate al *fair value* e da quelle di copertura.

Il **risultato netto dell'attività di copertura** comprende:
- risultati della valutazione delle operazioni di copertura del *fair value* e dei flussi finanziari;
- risultati della valutazione di attività e passività finanziarie oggetto di copertura del *fair value*;
- differenziali e margini riferiti a contratti derivati di copertura;
- risultati della valutazione delle attività e delle passività per cassa collegate da una relazione di copertura del rischio di cambio.

La voce **utili/perdite da cessione o riacquisto** comprende i saldi degli utili e delle perdite realizzati attraverso la vendita delle attività finanziarie classificate nei portafogli "crediti", "attività finanziarie disponibili per la vendita" e "attività finanziarie detenute sino alla scadenza".

Le **rettifiche di valore su immobilizzazioni immateriali e materiali** e quelle **su immobilizzazioni finanziarie** si riferiscono a svalutazioni e ad ammortamenti di elementi dell'Attivo.

L'**accantonamento per rischi su crediti** va collegato al Fondo rischi su crediti, un accantonamento generico per copertura di detti rischi, e in particolare al Fondo rischi per interessi di mora.

La voce **altri oneri/proventi di gestione** comprende costi e ricavi non imputabili alle altre voci, in particolare:
- recuperi spese sui depositi a risparmio, sui conti correnti e sui fondi di terzi in amministrazione;
- storni a Conto economico delle riserve da valutazione relative alle operazioni di copertura dei flussi finanziari di attività e passività non finanziarie.

S

Stato patrimoniale passivo: contenuto delle voci

Scheda 64

A) Patrimonio netto

Capitale	Valore nominale dei conferimenti operati dai soci, cui si aggiunge il valore delle riserve destinate a capitale sociale nel corso del tempo.
Riserva da soprapprezzo delle azioni	Accoglie l'eccedenza del prezzo di emissione delle azioni rispetto al loro valore nominale.
Riserve di rivalutazione	Accoglie le riserve createsi a seguito di rivalutazioni operate.
Riserva legale	È obbligatoria per legge e considerata "indisponibile" fino al limite massimo (1/5 del capitale sociale). Può essere utilizzata solo per la copertura di perdite, dopo aver impiegato tutte le altre riserve disponibili e indisponibili.
Riserve statutarie	Sono previste dallo statuto e rientrano pertanto nelle riserve obbligatorie.
Riserva per azioni proprie in portafoglio	Nasce in occasione di un'operazione di acquisto di azioni proprie, con la funzione di salvaguardare l'integrità del capitale e di evitare che l'acquisto di azioni proprie si traduca in una distribuzione della parte indisponibile del patrimonio netto. Rimane indisponibile finché le azioni rimangono in possesso della società.
Altre riserve, distintamente indicate	Le più comuni sono: - riserva straordinaria o facoltativa; - riserva per rinnovamento impianti; - versamenti in conto aumento di capitale e in conto futuro aumento di capitale; - versamenti a copertura perdite; - riserva contributi in conto capitale.
Utili (perdite) portati a nuovo	Accoglie i risultati economici di esercizi precedenti.
Utile (perdita) dell'esercizio	Comprende il risultato economico dell'esercizio corrente.

B) Fondi per rischi e oneri

Gli accantonamenti rappresentati da questi fondi sono essenzialmente di due tipi:

- accantonamenti per passività certe, il cui ammontare o la cui data di sopravvenienza sono indeterminate; si tratta di **fondi per spese e oneri** relativi a costi di competenza dell'esercizio in corso, per obbligazioni già assunte alla data di bilancio, ma non ancora definite esattamente nell'ammontare; per imposte, anche differite; fondo garanzia prodotti, fondo manutenzione ciclica;
- accantonamenti per passività la cui esistenza è solo probabile (per esempio, fondo per rischi non coperti o coperti solo parzialmente da assicurazione).

C) Trattamento di fine rapporto di lavoro subordinato
Questa passività si riferisce alle indennità spettanti al personale dipendente in forza di legge o di contratto, al momento della cessazione del rapporto di lavoro.

D) Debiti
1) Obbligazioni;
2) Obbligazioni convertibili (il debito per obbligazioni deve corrispondere all'ammontare totale del debito residuo in linea capitale alla data del bilancio;
3) Debiti verso soci per finanziamenti;
4) Debiti verso banche (comprende sia i debiti in c/c, sia per finanziamenti a vario titolo a breve a medio e a lungo termine);
5) Debiti verso altri finanziatori (comprende i prestiti di terzi);
6) Acconti (accoglie gli anticipi ricevuti e le caparre);
7) Debiti verso fornitori;
8) Debiti rappresentati da titoli di credito (cambiali passive e simili);
9) Debiti verso imprese controllate;
10) Debiti verso imprese collegate;
11) Debiti verso controllanti;
12) Debiti tributari (comprende solo il debito per imposte dirette e indirette certe e determinate, al netto di acconti versati, ritenute d'acconto e crediti d'imposta);
13) Debiti verso istituti di previdenza e di sicurezza sociale;
14) Altri debiti.

E) Ratei e risconti passivi
Per l'iscrizione in bilancio di queste voci il Codice civile prevede che possano essere iscritte «soltanto quote di costi e proventi, comuni a due o più esercizi, l'entità dei quali vari in ragione del tempo».

I conti d'ordine

I conti d'ordine vengono utilizzati per rilevare in partita doppia quelle operazioni e quei fatti che non possono essere rilevati nel sistema principale di scritture in quanto manca la variazione finanziaria o del patrimonio o economica e quindi non hanno conseguenze dirette sul patrimonio e sul reddito. L'art. 2424 c.c. richiama l'obbligo di appostare in calce allo Stato patrimoniale i conti d'ordine che evidenziano rischi, ma estende tale obbligo anche agli altri conti d'ordine.

Sostanzialmente i conti d'ordine possono evidenziare tre operazioni:
- i **rischi**, che l'impresa si è assunta per aver prestato, direttamente o indirettamente, garanzie (fideiussioni, avalli e altre garanzie personali, nonché le garanzie reali);
- gli **impegni**, assunti per la stipulazione di contratti che impongono alle parti determinate future prestazioni (ne rimangono ovviamente esclusi i contratti di acquisto o di vendita di beni e di servizi relativi alla normale attività di gestione dell'impresa);
- i **beni di terzi**, ricevuti in deposito, in pegno, per cauzione, per la lavorazione.

S

Stato patrimoniale: la struttura

Scheda 65

L'Attivo, i cui elementi sono esposti in base al principio della destinazione economica, è suddiviso in quattro classi principali, o macroclassi.

ATTIVO

A) Crediti verso soci per versamenti ancora dovuti, con separata indicazione della parte già richiamata

B) Immobilizzazioni

I) *Immobilizzazioni immateriali*:
- 1) costi di impianto e di ampliamento
- 2) costi di sviluppo
- 3) diritto di brevetto industriale e diritti di utilizzazione delle opere dell'ingegno
- 4) concessioni, licenze, marchi e diritti simili
- 5) avviamento
- 6) immobilizzazioni in corso e acconti
- 7) altre

II) *Immobilizzazioni materiali:*
- 1) terreni e fabbricati
- 2) impianti e macchinario
- 3) attrezzature industriali e commerciali
- 4) altri beni
- 5) immobilizzazioni in corso e acconti

III) *Immobilizz. finanziarie*, con separata indicazione, per ciascuna voce, dei crediti, degli importi esigibili entro l'esercizio successivo
- 1) partecipazioni in:
  - *a*) imprese controllate
  - *b*) imprese collegate
  - *c*) imprese controllanti
  - *d*) imprese sottoposte al controllo delle controllanti
  - *d-bis*) altre imprese
- 2) crediti:
  - *a*) verso imprese controllate
  - *b*) verso imprese collegate
  - *c*) verso controllanti
  - *d*) imprese sottoposte al controllo delle controllanti
  - *d-bis*) altre imprese
- 3) altri titoli
- 4) strumenti finanziari derivati attivi

C) Attivo circolante

I) *Rimanenze:*
- 1) materie prime, sussidiarie e di consumo
- 2) prodotti in corso di lavorazione e semilavorati
- 3) lavori in corso su ordinazione
- 4) prodotti finiti e merci
- 5) acconti

II) Crediti, con separata indicazione, per ciascuna voce, degli importi esigibili oltre l'esercizio successivo:
- 1) verso clienti
- 2) verso imprese controllate
- 3) verso imprese collegate
- 4) verso controllanti
- 5) verso imprese sottoposte al controllo delle controllanti
- 5-*bis*) crediti tributari
- 5-*ter*) imposte anticipate
- 5-*quater*) verso altri

III) *Attività finanziarie* che non costituiscono immobilizzazioni:
- 1) partecipazioni in imprese controllate
- 2) partecipazioni in imprese collegate
- 3) partecipazioni in imprese controllanti
- 3-*bis*) partecipazioni in imprese sottoposte al controllo delle controllanti
- 4) altre partecipazioni
- 5) strumenti finanziari derivati attivi
- 6) altri titoli

IV) *Disponibilità liquide:*
- 1) depositi bancari e postali
- 2) assegni
- 3) danaro e valori in cassa

D) Ratei e risconti

Il **Passivo** dello Stato patrimoniale è esposto secondo la provenienza (fonti) dei capitali.

PASSIVO	
A) Patrimonio netto I) Capitale II) Riserva da sovrapprezzo azioni III) Riserve di rivalutazione IV) Riserva legale V) Riserve statutarie VI) Altre riserve, distintamente indicate VII) Riserva di operazioni di copertura dei flussi finanziari attesi VIII) Utili (perdite) portati a nuovo IX) Utile (perdita) dell'esercizio X) Riserva negativa per azioni proprie in portafoglio **B) Fondi per rischi e oneri** 1) per trattamento di quiescenza e obblighi simili 2) per imposte, anche differite 3) strumenti finanziari derivati passivi 4) altri **C) Trattamento di fine rapporto di lavoro subordinato**	**D) Debiti, con separata indicazione, per ciascuna voce, degli importi esigibili oltre l'esercizio successivo** 1) obbligazioni 2) obbligazioni convertibili 3) debiti verso soci per finanziamenti 4) debiti verso banche 5) debiti verso altri finanziatori 6) acconti 7) debiti verso fornitori 8) debiti rappresentati da titoli di credito 9) debiti verso imprese controllate 10) debiti verso imprese collegate 11) debiti verso controllanti 11-*bis*) debiti verso imprese sottoposte al controllo delle controllanti 12) debiti tributari 13) debiti verso istituti di previdenza e di sicurezza sociale 14) altri debiti **E) Ratei e risconti**

S

Strategie e pianificazione strategica

Scheda 66

La scelta della strategia

La gestione strategica di un'impresa rappresenta un'esigenza fondamentale per raggiungere elevati livelli di competitività, in un ambiente in cui il mercato si presenta sempre più globale.

Lo sviluppo del mercato mondiale implica infatti per l'impresa la predeterminazione delle linee di azione, anticipando la soluzione dei problemi e verificando i conseguenti risultati gestionali.

La **strategia di base** si concretizza nella definizione delle azioni di fondo necessarie per conseguire le finalità e gli obiettivi di lungo periodo; l'analisi prende in considerazione i settori in cui l'impresa già svolge le proprie attività o quelli in cui le svolgerà nel futuro prossimo.

La definizione delle strategie di base consente di individuare le aree strategiche di affari (ASA) in cui l'impresa decide di collocarsi.

La **strategia di espansione** consiste nell'adozione di scelte che comportano la crescita dell'impresa, incrementando la propria dimensione in termini di valore aggiunto o di altri indicatori.

L'obiettivo principale è quello di fissare dei livelli-obiettivo da raggiungere nel tempo, allo scopo di incrementare la dimensione dell'impresa sul mercato.

La strategia di espansione si contrappone alla **strategia di consolidamento**, che si ha quando prevale l'obiettivo di mantenimento delle dimensioni attuali o di riduzione controllata delle stesse.

Strategia e flessibilità

La gestione strategica di un'impresa non può prescindere dal concetto di **flessibilità**, che negli ultimi anni ha avuto un progressivo sviluppo al pari dell'efficienza e del profitto.

La flessibilità non può essere limitata alla struttura produttiva, ma deve essere inquadrata in un'ottica più ampia, abbracciando l'intera gestione dell'impresa; essa sarà misurata in ogni fase di svolgimento dell'attività e riscontrata a ogni livello e in ogni componente. Un'impresa non può essere considerata flessibile se non presenta una struttura complessiva capace di adattarsi anticipando i mutamenti del mercato e del contesto ambientale, a partire dalle scelte strategiche.

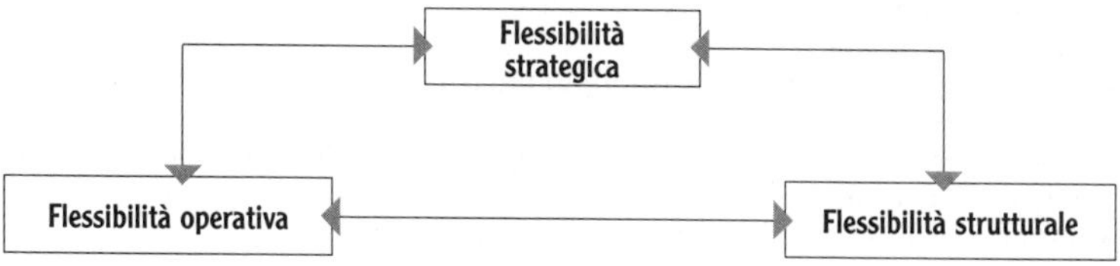

La flessibilità è dunque un fenomeno complesso e globale che investe l'impresa e che si presenta affine all'innovazione.

L'impresa impostata su una flessibilità globale si presenta anche come innovativa, capace cioè di anticipare il mercato, oltre che di adattarsi ai mutamenti dello stesso.

I diversi tipi di strategie

Il portafoglio di business è composto dalle attività in cui l'impresa decide di operare; le imprese industriali, che hanno più aree strategiche di affari, necessitano di una strategia per gestire il portafoglio di attività.

La **strategia di portafoglio** è riferita all'impresa nel suo complesso e si suddivide in strategia di consolidamento e di espansione.

Quest'ultima, a sua volta, può distinguersi in:
- strategia di diversificazione, se l'impresa incrementa il numero dei prodotti offerti o dei mercati in cui opera;
- integrazione verticale, se l'impresa incrementa il numero delle fasi del proprio processo produttivo, allo scopo di migliorarne l'efficienza.

Scheda 66

Le **strategie competitive** sono scelte finalizzate a prevalere sulle imprese concorrenti all'interno di una specifica area strategica di affari. Esse vengono generalmente classificate in:

- collusive, se l'impresa, al fine di diminuire la concorrenza, prende accordi con altre imprese;
- cooperative, se vi è l'accordo con altre imprese al fine di incrementare e condividere gli investimenti;
- concorrenziali, se ogni impresa opera per conto proprio.

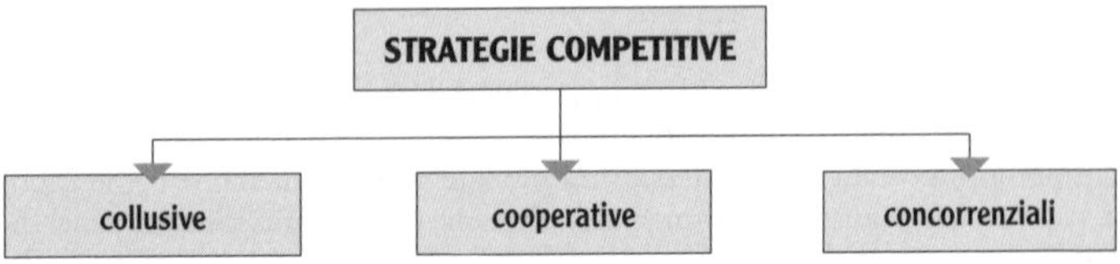

Le **strategie funzionali** sono scelte riferite a singoli aspetti della gestione d'impresa, con specifico riferimento ad aree funzionali, quali per esempio la produzione o il marketing.

La pianificazione strategica

La **pianificazione strategica** è il processo mediante il quale vengono definiti gli obiettivi di lungo periodo dell'impresa, elaborando le strategie necessarie al loro raggiungimento.

Essa assume quindi il significato di sistema a supporto delle scelte manageriali volte a modificare la struttura aziendale e l'inquadramento dell'impresa sia nel tempo sia nello spazio.

La pianificazione strategica costituisce la fase primaria del più ampio processo di pianificazione, che comprende anche la pianificazione operativa e la pianificazione e controllo.

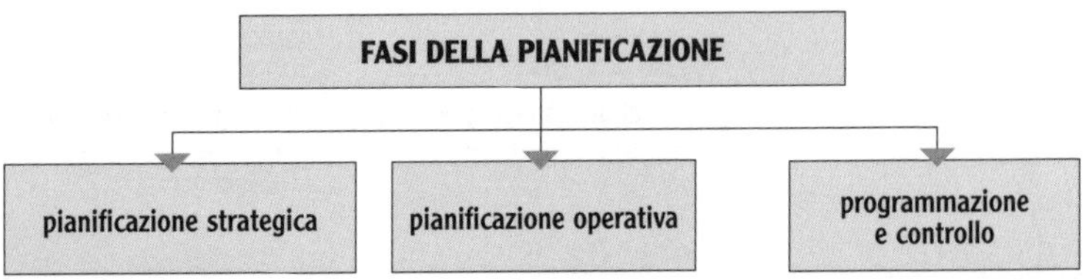

La pianificazione

Con il processo di **pianificazione** si tende a ottimizzare l'uso delle risorse per il raggiungimento di obiettivi di massima convenienza. Qualsiasi progetto o idea imprenditoriale necessita di una fase di studio relativamente alla sua fattibilità e realizzabilità, senza la quale rischierebbe di rimanere un'ottima idea priva di concretezza.

Mediante la pianificazione strategica viene verificata la fattibilità delle strategie aziendali; le linee strategiche di fondo definite a livello manageriale divengono quindi operative, ossia vengono studiate in rapporto ai loro effetti concreti e proiettate in via sperimentale sul mercato per verificarne l'impatto e i risultati.

La **pianificazione operativa** permette di convertire gli indirizzi strategici in piani e linee d'azione, da cui scaturisce la programmazione a breve termine, della quale il budget costituisce l'elemento indispensabile. Infine il **controllo** consente di verificare a consuntivo i risultati ottenuti e di correggere eventuali scostamenti rispetto ai valori programmati.

Il sistema impresa non può limitarsi quindi a operare sulla base delle strategie, ma deve formulare propri piani operativi.

Ogni impresa tenderà a sviluppare un processo di pianificazione personalizzato, coerente con il proprio orientamento strategico di fondo e con il contesto ambientale nel quale opera.

La pianificazione è un elemento indispensabile per il governo dell'impresa e per la sua direzione. Una gestione d'impresa istintiva, frutto di intuizioni e priva di un sistema di processi e strumenti manageriali, costituisce un limite invalicabile per lo sviluppo e il successo aziendale.

Il piano aziendale non deve essere inoltre circoscritto a pochi centri decisionali, ma deve estendersi a tutte le unità organizzative, alle quali sono affidati i compiti di attuare le strategie gestendone l'operatività. In sostanza, le diverse aree funzionali devono essere coinvolte nel processo di budget: il programma operativo va condiviso e inquadrato come "obiettivo personale" e non semplicemente come linea guida imposta dal management.

Indice analitico

A

Accomandante 130
Accomandatario 130
Activity Based Costing 8
Activity drivers 9
Affidamento bancario 66
Amministratore
– delegato 91
– unico 90
Ammortamento 12
Analisi
– degli scostamenti 14
– per flussi 16
– per indici 18
– per margini 22
Anticipazione 24, 100
Anticipo su fatture 25
Apertura di credito 26
Area di consolidamento 30
Assegno
– bancario 122
– circolare 122
Assemblea dei soci 90
Attivo
– circolante 139
– corrente 116
– fisso 116
Autorità creditizie 28
Avallo 67

B

Banca Centrale Europea 29
Banca d'Italia 28, 82
– vigilanza della 29
Banca universale 82
Bancomat 122
Benchmark 14
Bilancio
– abbreviato 32
– consolidato 30
– preventivo globale 41
Bonifico 122
Break even analysis 34
Break even point 34
Budget 36, 40
– degli investimenti 38
– delle vendite 38

– finanziario ... 39
– flessibile ... 39
– generale dell'esercizio ... 38
– generale d'impresa ... 36
– preconsuntivo ... 39
– settoriale ... 38
Budgeting ... 38

C

Carta di credito ... 122
Castelletto salvo buon fine ... 101
Centro di costo ... 70
Certezza ... 104
Certificato di deposito ... 60
Chiarezza ... 102
Cicr ... 28
Collaboratore familiare ... 68
Collegio sindacale ... 54, 91
Comitato
– direttivo degli agenti di cambio ... 65
– esecutivo ... 91
– interministeriale per il credito e il risparmio ... 28
– interno per il controllo sulla gestione ... 135
Commissione di massimo scoperto ... 24, 49
Compensazione ... 63
Compensi agli amministratori ... 43
Competenza ... 102, 104
Competenze distintive ... 93
Consiglio
– di amministrazione ... 90, 135
– di gestione ... 135
– di sorveglianza ... 134
Contabilità analitica ... 46, 57
Conti d'ordine ... 145
Continuazione dell'attività ... 102
Conto anticipi ... 24, 25
Conto corrente di corrispondenza ... 48
Conto economico ... 52, 142
Controller ... 15
Controllo
– budgetario ... 39
– legale dei conti ... 54
Coordinate bancarie ... 49
Cost drivers ... 8
Costo
– comune ... 56
– consuntivo ... 57
– del venduto ... 112
– della produzione ... 50
– di produzione ... 14, 46

– differenziale 57
– diretto 56
– effettivo 57
– eliminabile 57
– fisso 34, 56, 71
– indiretto 56
– ineliminabile 57
– medio ponderato 120
– pieno 70
– preventivo 57
– specifico 56
– standard 57
– stimato di produzione 14
– variabile 34, 56, 71
Credito al consumo 11
Crediti verso soci per versamenti ancora dovuti 138
Criteri di valutazione 103

D

Debiti 145
Deposito
– a custodia 123
– a risparmio 60
Determinabilità oggettiva 104
Dichiarazione di inizio attività 74
Differenza
– di consolidamento 31
– fiscale permanente 78
– fiscale temporanea 78
Direct costing 71
Diritti delle minoranze 31
Dividendi 45
Domiciliazione delle utenze 122
Driver 56

E - F

Esportazioni 77
Factor 10
Factoring 10
Feedback 39
Feedforward 39
Fideiussione 67
Fido bancario 66
FIFO 120
Flessibilità 148
– operativa 149
– strategica 149
– strutturale 149
Flusso finanziario 16

Fondi per rischi e oneri ... 144
Forma scalare ... 52
Full costing ... 8, 70

G

Gestione
– in fondi ... 123
– mobiliare ... 123
Gruppo polifunzionale ... 82

H

Home banking ... 122

I

Iban ... 49
Immobilizzazioni ... 138
Imposte
– anticipate ... 78
– differite ... 78
Impresa
– collettiva ... 68
– familiare ... 68
– individuale ... 68
Imputazione al Conto economico ... 105
Indicatori ... 22
Indici
– di efficienza ... 20
– di redditività ... 19
– di solidità strutturale ... 18
– finanziari ... 18
Inerenza ... 105
Interessi passivi e oneri assimilati ... 43
Ipoteca ... 67
Irap ... 72
Istruttoria di affidamento ... 24
Iva ... 76
– acconto ... 74
– aliquote ... 77
– liquidazione annuale ... 75
– liquidazione periodica ... 74

L

Libretto di deposito ... 60
Libro
– degli inventari ... 80
– degli strumenti finanziari ... 80
– dei soci ... 80
– delle adunanze e delle deliberazioni degli organi di controllo ... 80

– delle adunanze e delle deliberazioni del cda 80
– delle adunanze e delle deliberazioni del comitato esecutivo 80
– delle adunanze e delle deliberazioni del consiglio di gestione 80
– delle adunanze e delle deliberazioni delle assemblee degli obbligazionisti 80
– delle adunanze e delle deliberazioni delle assemblee 80
– delle decisioni degli amministratori 81
– delle decisioni dei soci 81
– delle decisioni del collegio sindacale 81
– delle decisioni del revisore 81
– delle obbligazioni 80
– giornale 80
LIFO 120

M

Margine
– di contribuzione 34, 71
– di liquidità 23
– di solidità aziendale 22
– di struttura 22
MAV 122
Ministro dell'economia e delle finanze 28
Minusvalenze patrimoniali 42
Modello
– di Porter 93
– unico 62
MOL 115
Mutuo 10

N - O

Nota integrativa 84
Obbligazione bancaria 61
Oggetto
– di costo 8
– sociale 129
Orientamento strategico di fondo 92

P

Partecipazioni 44
Passivo
– consolidato 117
– corrente 117
Patrimonio destinato a uno specifico affare 133
Patrimonio netto 144
Patto parasociale 132
Pegno 67
Pianificazione 151
– operativa 38, 151
– strategica 38, 150
Piano 37

– dei conti ... 94
– di ammortamento del mutuo ... 10
Plusvalenze patrimoniali ... 44
Portafoglio
– salvo buon fine ... 100
– sconti ... 100
– titoli ... 121
Porter, modello di ... 93
Prestiti in pool ... 11
Prevalenza della sostanza sulla forma ... 102
Prezzo al dettaglio ... 120
Project financing ... 11
Pronti contro termine ... 61
Prospetto di consolidamento ... 31
Proventi e oneri
– finanziari ... 51
– straordinari ... 51
Proventi immobiliari ... 45
Prudenza ... 102

Q

Quorum
– costitutivo ... 90
– deliberativo ... 90
Quota di ammortamento ... 12

R

Ratei e risconti ... 139
– passivi ... 145
Reddito imponibile ... 106
Regime
– dei contribuenti minimi ... 109
– forfetario dei contribuenti minimi ... 108
– ordinario ... 108
– semplificato ... 108
– sostitutivo per le nuove attività produttive ... 109
Registro
– degli acquisti ... 81
– dei corrispettivi ... 81
– delle fatture emesse ... 81
Relazione
– dell'incaricato del controllo contabile ... 64
– gestionale semestrale ... 65
– semestrale ... 64
– sulla gestione ... 64, 89
Report ... 111
Reporting ... 110
– direzionale ... 111
Rettifiche di valore di attività finanziarie ... 51

Ri.Ba. ... 122
Ricavi ... 44
Ricevuta bancaria ... 122
Riclassificazione ... 112, 118
Rimanenze di magazzino ... 120
Risparmio gestito ... 123
ROD ... 21
ROE ... 21
ROI ... 21
ROL ... 115
ROS ... 21

S

Sconto ... 100
Scostamenti ... 14, 39
Sebc ... 29
Servizi
– di pagamento ... 122
– d'incasso ... 122
Sistema
– amministrativo integrato ... 47
– dualistico ... 134
– duplice contabile ... 47
– duplice misto ... 47
– monistico ... 135
– tradizionale ... 134
– unico contabile ... 47
Sistema Europeo di Banche Centrali ... 29
Società
– a responsabilità limitata ... 124
– cooperativa ... 126
– di capitali ... 128
– di progetto ... 11
– di revisione ... 55, 65
– in accomandita per azioni ... 131
– in accomandita semplice ... 130
– in nome collettivo ... 137
– per azioni ... 132
– semplice ... 136
– contratto di ... 69
Sopravvenienze
– attive ... 45
– passive ... 42
Specimen ... 49
Spese
– di manutenzione e riparazione ... 42
– di rappresentanza ... 43
– per prestazioni di lavoro ... 42
Stakeholder ... 92

Standard
– attesi ... 57
– di base ... 57
– ideali ... 57
Stato patrimoniale ... 138, 141, 144, 146
Strategia ... 92, 148
– di base ... 148
– di consolidamento ... 148
– di espansione ... 148
– di portafoglio ... 149
Strategie
– competitive ... 150
– funzionali ... 150
Svalutazione crediti ... 43

T - V

Trattamento di fine rapporto di lavoro subordinato ... 145
Valore
– aggiunto ... 114
– della produzione ... 50
– nominale ... 58
– normale ... 121
– normale medio ... 121
– presumibile di estinzione ... 58
– presumibile di realizzazione ... 58
Variazioni fiscali ... 107
Venture capital ... 11

W - Z

Working capital ... 23
Zero coupon ... 61